Vor einigen Jahren, nachdem ich meine Zuckersucht bekämpft hatte, fing ich an, ohne raffinierten Zucker zu backen – und ohne stattdessen andere Süßungsmittel zu verwenden. Ich wollte komplett auf Zucker verzichten. Allerdings musste ich schnell einsehen, dass das nicht so einfach funktioniert. Ich habe einige Missgeschicke erlebt: Gebäck, das ohne Zuckeralternativen herzhaft wurde und vielmehr an Brötchen und Brot erinnerte statt an Muffins, Donuts und Kuchen. Deshalb verwende ich heute zum Süßen den natürlichen Fruchtzucker von Obst und Trockenfrüchten sowie Reissirup, Kokosblütenzucker und -sirup.

Ganz auf Kuchen & Co. zu verzichten, kommt für mich nämlich nicht infrage. Denn seien wir mal ehrlich: Es gibt doch kaum etwas Schöneres, als sonntags ein lauwarmes Stückchen Gebäck zu essen, während der Duft von Kaffee durch den Raum strömt.

Backen ist für mich eine Form der Meditation und entschleunigt meinen Alltag. Und wenn dann noch etwas Gesundes dabei rauskommt – umso besser! Wenn wir unseren Zuckerkonsum bewusst reduzieren und Torten, Kuchen und Kekse mit hochwertigen Zutaten selbst zubereiten, können wir die Leckereien auch viel bewusster genießen – ganz ohne schlechtes Gewissen! Denn sie enthalten wesentlich mehr Nährstoffe als herkömmliches Gebäck, und sie sättigen aufgrund der Ballaststoffe in Obst, Trockenfrüchten, Vollkornmehlen und Gemüse schneller und lang anhaltender.

Natürlich gilt auch beim Backen ohne raffinierten Zucker: alles in Maßen. Denn alternative Süßungsmittel sind letztendlich ebenfalls Zucker. Aber es lohnt sich, wieder näher an unseren ursprünglichen Geschmackssinn zu gelangen und all das »zuckerfreie« Gebäck in diesem Buch einmal selbst auszuprobieren!

Ich wünsche dir viel Spaß dabei!

HANNAH FREY

BACKEN

DIE GU-QUALITÄTSGARANTIE

Wir möchten Ihnen mit den Informationen und Anregungen in diesem Buch das Leben erleichtern und Sie inspirieren, Neues auszuprobieren. Bei jedem unserer Produkte achten wir auf Aktualität und stellen höchste Ansprüche an Inhalt, Optik und Ausstattung.
Alle Informationen werden von unseren Autoren und unserer Fachredaktion sorgfältig ausgewählt und mehrfach geprüft. Deshalb bieten wir Ihnen eine 100%ige Qualitätsgarantie.

Darauf können Sie sich verlassen:
Wir legen Wert darauf, dass unsere Kochbücher zuverlässig und inspirierend zugleich sind. Wir garantieren:
• dreifach getestete Rezepte
• sicheres Gelingen durch Schritt-für-Schritt-Anleitungen und viele nützliche Tipps
• eine authentische Rezept-Fotografie

Wir möchten für Sie immer besser werden:
Sollten wir mit diesem Buch Ihre Erwartungen nicht erfüllen, lassen Sie es uns bitte wissen! Wir tauschen Ihr Buch jederzeit gegen ein gleichwertiges zum gleichen oder ähnlichen Thema um. Nehmen Sie einfach Kontakt zu unserem Leserservice auf. Die Kontaktdaten unseres Leserservice finden Sie am Ende dieses Buches.

GRÄFE UND UNZER VERLAG. *Der erste Ratgeberverlag – seit 1722.*

INHALT

Die Rezepte

ZUCKERFREI
BACKEN

Backen ohne raffinierten Haushaltszucker, künstliche Süßstoffe, Zuckeralkohole & Co. – das soll funktionieren?! Ja – mit natürlichen Zuckeralternativen, Trockenfrüchten, Obst und sogar Gemüse!

Zucker ist neben Mehl, Butter und Eiern beim Backen eine klassische Grundzutat. Er wird nicht nur verwendet, damit die Backwaren schön süß schmecken, Zucker ist neben seiner Eigenschaft als Geschmacksträger auch Füllmittel und Konservierungsstoff. All dies sind Gründe, weshalb in vielen Kuchenrezepten 100–250 g (!) Zucker steckt! Raffinierter Haushaltszucker (Saccharose) enthält aber keinerlei Nährstoffe mehr, er sättigt nicht und macht stattdessen krank und abhängig, wenn wir zu viel davon essen. Sein einziger »Vorteil«: Zucker schmeckt verdammt lecker! Torten, Kuchen, Cookies & Co. können aber zum Glück auch ohne raffinierten Zucker mit natürlichen Alternativen gesüßt werden.

GESCHMACKSSACHE

Im Fokus meiner Backrezepte in diesem Buch steht deshalb: weniger und natürlich süßen. Ich verwende lediglich frisches Obst, Trockenfrüchte, Kokosblütenzucker und -sirup sowie Reissirup (s. S. 10/11), um dem Gebäck Süße zu verleihen. Und ich gehe mit diesen Zuckeralternativen sparsam um – denn Zucker bleibt Zucker. Geschmäcker und Gewohnheiten sind aber ganz verschieden. Wer schon lange auf raffinierten Zucker verzichtet und wenig Süßes isst, wird meine Torten und Kuchen vielleicht schon als zu süß empfinden. Wohingegen Menschen, die gerade erst beginnen, ihren Zuckerkonsum zu reduzieren, das Gebäck zu wenig süß ist. Den »süßen Geschmack« kann man sich aber recht schnell abgewöhnen. Wie das geht, erfährst du in meinem Buch »Zuckerfrei – Die 40 Tage-Challenge«.

NO-GOS

Zuckeralternativen, die ich nicht (mehr) verwende, sind Agavendicksaft, Stevia, Zuckeralkohole und künstliche Süßstoffe. Agavendicksaft enthält rund 90 % Fruchtzucker (Fruktose) und geriet deswegen häufiger in Kritik. Denn eine erhöhte Fruktoseaufnahme wirkt sich ungünstig auf den Stoffwechsel aus und fördert langfristig Übergewicht. Stevia wird meist als rein pflanzliches Süßungsmittel angepriesen – die in der Pflanze enthaltenen Steviolglykoside werden jedoch in einem aufwendigen chemischen Prozess gewonnen und sind als Lebensmittelzusatzstoff E 960 in der EU zugelassen. Zudem ist das leichte Lakritzaroma in Backwaren eher unangenehm. Zuckeralkohole wie Xylit (E 967) und Erythrit (E 968) werden ebenfalls in kostspieligen chemischen Prozessen hergestellt. In größeren Mengen (30–50 g) können sie Bauchschmerzen und Blähungen verursachen und eine abführende Wirkung haben. Künstlich hergestellte Süßstoffe wie Aspartam können laut Studien unserem Stoffwechsel schaden: Durch den süßen Geschmack wird der Körper auf eine hohe Glukosezufuhr vorbereitet, die dann aber ausbleibt. Dies führt zu Heißhungerattacken.

SÜSSE AUS GEMÜSE, NÜSSEN & CO.

Wer dem Zucker schon länger entsagt und wenig bis gar keine alternativen Süßungsmittel verwendet, wird rasch merken, dass viele Zutaten, die ich nutze, eine natürliche Süße mitbringen. Gemüse beispielsweise. Das klingt wahrscheinlich erst einmal sehr ungewohnt, aber keine Sorge: Meist schmeckt man das Gemüse in dem Gebäck nicht einmal heraus! Stärkehaltige Wurzelgemüse wie Rote Beten, Pastinaken, Möhren und Süßkartoffeln eignen sich gekocht und püriert oder roh fein geraspelt hervorragend zum Backen. Durch die enthaltene Feuchtigkeit machen sie den Teig besonders saftig und spenden Volumen. Wurzelgemüse sorgt zudem für eine leichte Süße, wodurch weitere Süßungsmittel eingespart werden können. Außerdem sind Möhren und Konsorten reich an Ballaststoffen, Vitaminen und Mineralstoffen. Geschmacklich passt Gemüse in Gebäck gut zu gemahlenen Mandeln und Nüssen sowie Mandel- und Nussmehlen, die ebenfalls eine natürliche Süße mitbringen. Weitere Infos dazu findest du auf S. 7–19.

ZUCKER- ALTERNATIVEN

Ganz ohne Süße funktioniert backen einfach nicht. Statt aber klassisch handelsüblichen Haushaltszucker zu verwenden, können Muffins, Kuchen & Co. auch mit frischem Obst, Trockenfrüchten, Kokosblüten- zucker und -sirup sowie Reis- sirup gesüßt werden. Diese Zuckeralternativen lassen allesamt den Blutzuckerspiegel langsamer ansteigen, sind nährstoffreicher und somit die gesündere Wahl.

OBST

Frisches Obst enthält natürlicher- weise Fruchtzucker (Fruktose) sowie Glukose und Saccharose und darüber hinaus jede Menge Vitamine und Mineralstoffe. Durch den hohen Ballaststoffanteil gelangt der Zucker aber nur langsam ins Blut – der Blutzuckerspiegel bleibt nahezu konstant, wodurch Heißhunger vorgebeugt wird. Die Ballaststoffe sorgen außerdem für eine lang anhaltende Sättigung. Während frisches Obst und der darin enthal- tene Fruchtzucker sehr gesund sind, solltest du auf industriell hergestellte Fruktose, die als Fruktose Glukose Sirup (auch bekannt als Isoglukose oder High Fructose Corn Syrup) unter anderem auch gewerblich produzier- ten Backwaren zugefügt wird, ver- zichten. Diese hochkonzentrierte »künstliche« Fruktose sättigt nicht und fördert Übergewicht.

TROCKENFRÜCHTE

Trockenfrüchte sind Obst, dem durch Dörren die Feuchtigkeit bis auf einen Restflüssigkeitsanteil von etwa 20 % entzogen wurde. Der Fruchtzuckergehalt von Dörrobst ist daher sehr konzentriert – und du solltest es nur in Maßen zum Backen verwenden. Neben Vitaminen und Mineralstoffen enthalten Trockenfrüchte jede Menge Ballaststoffe, die lange sättigen und die Verdauung fördern. Achtung: Manchmal wird Trockenobst Haushaltszucker hinzugefügt, insbesondere Cranberrys (die wären sonst zu bitter). Die Früchte sollten aber lediglich mit Fruchtsäften wie Ananas- oder Apfelsaft gesüßt sein. Zudem immer zu ungeschwefelten Trockenfrüchten greifen, auch wenn sie eine unschöne Farbe haben. Dafür wurden sie nicht mit Schwefeldioxid behandelt, wodurch die Vitamine erhalten bleiben.

KOKOSBLÜTENZUCKER & -SIRUP

Der Blütensaft der Kokospalme wird zunächst zu Kokosblütensirup eingekocht und dann zu Kokosblütenzucker kristallisiert. Zucker und Sirup haben einen milden, malzigen Karamellgeschmack und enthalten neben Mineralstoffen wie Magnesium, Eisen, Zink und Kalium den Ballaststoff Inulin, der gut für Darm und Knochen ist. Kokosblütenzucker und -sirup haben im Gegensatz zu Haushaltszucker einen niedrigen glykämischen Index (GI) von 35 und lassen den Blutzuckerspiegel kaum ansteigen. So werden Heißhungerattacken verhindert. Haushaltszucker kann 1 : 1 durch Kokosblütenzucker ersetzt werden. Kokosblütensirup lässt sich wie Agavendicksaft, Ahornsirup oder Honig verwenden.

REISSIRUP

Um Reissirup herzustellen, wird Reismehl mit Wasser vermischt und dann zu Sirup eingekocht. Dieser enthält keine Fruktose (ist somit also bei Fruktoseintoleranz geeignet), sondern hauptsächlich Glukose, Maltose und Mehrfachzucker (Oligosaccharide). Letztere müssen vom Körper erst in Einfachzucker umgewandelt werden, bevor sie ins Blut abgegeben werden können. Der Blutzuckerspiegel steigt darum nur langsam an. Reissirup ist außerdem reich an Mineralstoffen wie Magnesium, Kalium und Eisen. Er hat eine leicht malzige, nussige Note und ist nur etwa halb so süß wie Haushaltszucker. Süßungsmittel wie Agavendicksaft, Ahornsirup oder Honig lassen sich 1 : 1 durch Reissirup ersetzen, jedoch verändert sich dann der Geschmack des Gebäcks.

#BACKHACKS

Damit du herkömmliche Backrezepte ganz einfach an deine Vorlieben und neuen Gewohnheiten anpassen kannst, gibt es hier ein paar Tipps, die du beachten solltest, damit der Teig gelingt.

BESSERE WAHL

Herkömmliches Backpulver kann 1:1 durch das phosphatfreie Weinstein-Backpulver ersetzt werden.

• • • • •

BACKPULVER VS. NATRON

Statt Backpulver kann man nicht einfach 1:1 Natron verwenden. Dieses benötigt zusätzlich eine saure Komponente – also Joghurt oder Buttermilch, etwas milden Essig oder Zitronensaft mit unter den Teig arbeiten.

HEFE LIEBT WÄRME! 30 GRAD SIND IDEAL. ALSO EIN PASSENDES PLÄTZCHEN SUCHEN.

Trockenhefe vs. frische Hefe

Trockenhefe kann einfach mit Mehl und anderen trockenen Zutaten vermischt werden, frische Hefe muss man zuvor erst noch in lauwarmer Flüssigkeit auflösen.

Hefeteig ohne Zucker?

Hefe braucht keinen Haushaltszucker, damit der Teig schön aufgeht, versprochen! Mehr dazu auf S. 144.

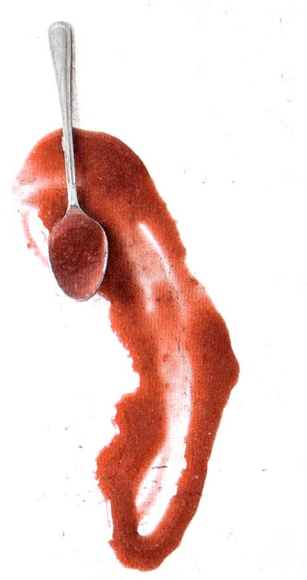

Mineralwasser mit Kohlensäure sorgt dafür, dass der Teig locker wird. Einfach einen Teil der im Rezept angegebenen Flüssigkeit (beispielsweise Milch oder Saft) dadurch ersetzen.

Der Teig ist zu klebrig? Kein Problem! Noch etwas Mehl unterarbeiten.

BYE-BYE, GELATINE!

Agar-Agar ist ein rein pflanzliches, aus Meeresalgen gewonnenes Geliermittel, das tierische Gelatine perfekt ersetzt. Agar-Agar kann etwa zum Andicken von Konfitüren, Cremes und Pudding verwendet werden. Wichtig: Es löst sich nur, indem es kurz aufgekocht wird, und geliert dann beim Abkühlen.

ZWEIERLEI »DICKMACHER«

Während Speisestärke Hitze benötigt, um Puddings und Cremes anzudicken (kurzes Aufkochen genügt), entfaltet Johannisbrotkernmehl auch in kalten Speisen seine bindende Wirkung. Bestes Beispiel: Kokossahne (s. Klappe hinten).

NO-GO: PUDDINGPULVER

Puddingpulver wird in herkömmlichen Backrezepten gerne verwendet, beinhaltet aber oft Zucker. Ein Päckchen enthält in der Regel 40 Gramm des Pulvers – und kann durch die gleiche Menge Speisestärke ersetzt werden. Diese nach Geschmack noch mit etwas gemahlener Vanille verfeinern.

GETREIDE & -MEHLE

Vollwertige Getreide-mehle sind weitaus gesünder als Auszugs-mehle (s. S. 144) und eignen sich zudem aufgrund ihrer sehr guten Klebeeigen-schaften hervorragend zum Backen – für süßes wie für herzhaftes und pikantes Gebäck.

DINKEL

Dinkel, auch unter Spelz bekannt, ist eng mit dem Weizen verwandt. Das Getreide hat einen hohen Ballaststoff- und Protein-gehalt, und dank des ent-haltenen Glutens (Kleber-eiweiß) verfügt Dinkel über hervorragende Backeigen-schaften: Vollkorn-Dinkel-mehl eignet sich gleicher-maßen für süße wie herz-hafte Hefe-, Rühr- und Mürbeteige. Außerdem enthält Dinkel die Amino-sauren Tryptophan und Tyrosin in besonders hoher Konzentration. Beiden wird die Bildung von glücklich machenden Botenstoffen wie beispielsweise Seroto-nin zugeschrieben.

KAMUT

Kamut ist ein Urgetreide, das man auch als Khorasan-Weizen kennt. Es hat einen nussigen Geschmack und kann Vollkorn-Weizen- und -Dinkelmehl 1:1 er-setzen. Zudem hat Kamut einen entscheidenden Vorteil gegenüber allen anderen Vollkorn-Getreide-sorten: Das volle Korn ist heller als etwa das Dinkel-korn. Wurde Vollkorn-Kamutmehl im Teig verar-beitet, merkt das kaum jemand – was insbesondere bei Kindern ein Vorteil sein kann. Leider ist das Mehl derzeit noch schwer im Handel erhältlich. Alternativ kann das volle Korn im Bio-Laden gekauft und dann in der Getreidemühle zu Mehl gemahlen werden. Oder man bestellt das Mehl einfach online.

HAFER

REIS

TEFF

Sowohl feinblättrige als auch kernige Haferflocken werden aus den ganzen Haferkörnern gepresst und enthalten somit die Nährstoffe aus dem vollen Korn. Beide Flockensorten lassen sich ganz einfach im Hochleistungsmixer oder Universalzerkleinerer zu Mehl verarbeiten – Hafermehl ist im Handel schwer erhältlich. Hafer ist glutenfrei – solange er nicht mit glutenhaltigen Getreidesorten in Kontakt gekommen ist, beispielsweise in der Getreidemühle. Allein eignet sich das Mehl mit dem milden, nussigen Geschmack nicht besonders gut zum Backen. Hafermehl wird daher am besten mit glutenhaltigen Mehlen kombiniert. Es passt sowohl zu süßem als auch zu herzhaftem Gebäck.

Natur-Reis enthält im Gegensatz zu geschliffenem Reis jede Menge Ballaststoffe, die die Verdauung fördern, sowie Vitamine und Mineralstoffe. Reismehl ist wegen des fehlenden Klebereiweißes (Gluten) solo nicht zum Backen geeignet, es muss in jedem Fall mit anderen Mehlen wie Dinkel oder Kamut gemischt werden. Außerdem nimmt es erst unter Hitze Flüssigkeit auf, im kalten Zustand hingegen nicht. Japanischer Mochireis hält aufgrund seines hohen Ballaststoffanteils und der komplexen Kohlenhydrate lange satt. Dank seiner natürlichen Süße eignet er sich besonders für Reistörtchen (s. S. 61) und andere süße Desserts. Gekocht ist er angenehm weich und erinnert an Milchreis. In den Bio-Supermärkten ist Mochireis ungeschält als Vollkornreis erhältlich.

In seinem Heimatland Äthiopien zählt das Süßgras Teff zu den Grundnahrungsmitteln – hierzulande ist es jedoch noch nahezu unbekannt. Teff, auch Zwerghirse genannt, hat die kleinsten Getreidesamen der Welt. 150 Teffsamen wiegen in etwa so viel wie ein Weizenkorn. Wegen ihrer geringen Größe werden die Samen stets ungeschält gemahlen, Teffmehl ist also nur als Vollkornmehl erhältlich. Teff enthält kein Klebereiweiß (Gluten), dennoch gelingen Teige mit Teffmehl sehr gut: Es nimmt viel Flüssigkeit auf, wodurch der Teig saftig wird. Geschmacklich passt das leicht nussige Mehl sowohl zu süßem als auch zu herzhaftem Gebäck. Teff hat einen hohen Eisengehalt und enthält viele Ballast- und Mineralstoffe wie Kalzium, Magnesium und Zink.

#TAUSCHTIPPS

Herkömmliche Backrezepte können mit ein paar einfachen Tricks abgewandelt und so um einiges gesünder zubereitet werden. Entdecke zahlreiche Austauschmöglichkeiten – hier!

DIY-SCHOKOGLASUR

Kann mit Kakaobutter, Kokosöl und Kakaopulver in Rohkostqualität selbst hergestellt werden (s. Klappe hinten).

VEGANER EISCHNEE

Lässt sich aus dem Einweichwasser von Kichererbsen herstellen: einfach wie richtigen Eischnee mit den Rührbesen des Handrührgeräts aufschlagen. Perfekt für Kuchen, Macarons, Baiser und anderes Gebäck.

»EAT LESS SUGAR – YOU'RE SWEET ENOUGH ALREADY!«

KARAMELL MAL ANDERS

Getrocknete Medjoul-Datteln sind aufgrund ihrer hohen Restfeuchte von rund 20 % weich und saftig – und somit perfekt für gesundes Karamell (s. S. 30).

#VEGANBAKING

Ei, Milch und Butter können ganz easy durch vegane Lebensmittel ersetzt werden: s. Klappe vorne.

GESUNDE DEKO

Ein Hauch von Puderzucker macht jedes Gebäck hübsch, aber leider wird er aus Haushaltszucker hergestellt. Die Lösung: kristalline Reissüße verwenden. Sie sieht aus wie Puderzucker, entsteht aber aus getrocknetem Reissirup (s. S. 11).

Raffinierter Zucker kann leider nicht einfach 1 : 1 durch flüssige Süßungsmittel wie Honig, Reis- oder Kokosblütensirup ersetzt werden. Hier helfen die Austauschinfos in der vordere Klappe.

APFELMARK & CO.

Obstpürees (s. S. 26–28) sorgen im Gebäck für natürliche Süße, sodass weniger Süßungsmittel benötigt werden.

GEMAHLENE MANDELN ≠ MANDELMEHL

Mandelmehl kann nicht einfach 1 : 1 durch gemahlene Mandeln ersetzt werden, denn es enthält viel weniger Öl (s. S. 18/19). Gleiches gilt natürlich auch für Nüsse.

PROTEIN-PLUS

Hülsenfrüchte enthalten jede Menge pflanzliches Eiweiß. Weich gekocht und püriert ersetzen sie einen Teil des Mehls und machen Gebäck saftig. Der Eigengeschmack der Hülsenfrüchte geht beim Backen verloren!

Statt Zuckerguss und -streusel lieber zu gesunden Toppings greifen (s. hintere Klappe).

GLUTENFREIE MEHLE & CO.

Schon mal glutenfrei gebacken? Ohne das im Weizen-, Roggen- und Dinkelmehl enthaltene Klebereiweiß ist das gar nicht so einfach. Glutenhaltige Mehle können nämlich nicht einfach durch alternative glutenfreie Mehle ersetzt werden. Mit den Rezepten in diesem Buch klappt es dann aber doch problemlos.

NUSS- & MANDELMEHL

Nussmehle werden häufig mit gemahlenen Nüssen verwechselt, können aber nicht 1:1 ausgetauscht werden. Nussmehle sind ein Nebenprodukt, das bei der Herstellung von Nussölen anfällt. Nussmehle enthalten gesunde Fette, sind gleichzeitig aber auch entölt. Für gemahlene Nüsse werden die ganzen Nüsse zerkleinert – sie enthalten etwa vier Mal mehr Öl als Nussmehl. Die Backeigenschaften sind entsprechend unterschiedlich. Glutenfreie Mandel- und Nussmehle eignen sich gut zum Backen von Broten, während gemahlene Nüsse und Mandeln eher für Kuchen und Kekse geeignet sind. Mandel- und Nussmehle sollten gut verschlossen und kühl gelagert werden. Bei hoher Luftfeuchtigkeit verklumpen die Mehle und können leicht schimmeln – deswegen stets zügig verbrauchen.

KOKOSMEHL

Kokosmehl ist glutenfrei und enthält reichlich Proteine (etwa 20 %) und viele Ballaststoffe (40 %). Weizenmehl kann nicht 1:1 durch Kokosmehl ersetzt werden. Ein wichtiger Unterschied zwischen diesen beiden Mehlen ist die hohe Saugkraft des Kokosmehls, die auch dafür sorgt, dass Kokosmehl ein tolles Paniermehl und Bindemittel in Currys, Saucen und Suppen ist. Bei Backrezepten muss die Flüssigkeitsmenge entsprechend erhöht werden, wenn statt Getreidemehl einmal Kokosmehl verwendet werden soll. Aufgrund des süßlichen Geschmacks lässt sich Kokosmehl sehr gut mit Vanille und Schokolade kombinieren.

GEMAHLENE ERDMANDELN

Erdmandeln (auch Chufas oder Tigernüsse) verdanken ihren Namen zwar dem an Mandeln und Haselnüsse erinnernden Geschmack, verwandt sind sie aber nicht mit beiden. Sie können bedenkenlos von Nussallergikern gegessen werden. Chufas enthalten mehr Ballaststoffe und weniger Fett als Nüsse, ihr Geschmack ist leicht süßlich. Die Zuckerzugabe kann also verringert werden, wenn gemahlene Erdmandeln in den Teig kommen. Gemahlene Nüsse lassen sich 1:1 durch gemahlene Erdmandeln austauschen. Bei herkömmlichen Backrezepten können gemahlene Erdmandeln bis zu 20 % der angegebenen Mehlmenge ersetzen. Da Chufas fettarm sind, muss dann dem Teig Öl hinzugefügt werden (je nach Teigmenge 1 TL – 1 EL).

BUCHWEIZENMEHL

Buchweizen zählt zu den Knöterichgewächsen und ist glutenfrei, trotzdem lässt es sich ähnlich wie Getreidemehl verarbeiten. Die dreikantigen Körner des Pseudogetreides sind von einer Schale umgeben, die vor der Weiterverarbeitung entfernt wird, dann wird das volle Korn zerkleinert. Buchweizenmehl hat einen nussigen Geschmack und passt sowohl zu herzhaftem Gebäck als auch süßen Backwaren, Waffeln und Pfannkuchen. Buchweizen enthält etwa 10 % Proteine, außerdem reichlich Ballaststoffe, komplexe Kohlenhydrate und Mineralstoffe wie Magnesium, Mangan, Kupfer.

#AROMAKICKS

Gewürze, Zitrusschale, Kakao & Co. sorgen nicht nur für mehr Geschmack im Gebäck, sie mindern auch das Verlangen nach Süßem und helfen so, Zucker einzusparen.

KAKAO

Schwach entölter Kakao ist in der Regel zuckerfrei und schmeckt leicht herb-bitter, aber intensiv nach Schokolade. Bei Raw-Cakes für noch mehr Vitalstoffe gerne zu Rohkostqualität greifen!

VANILLE

Greife anstatt zu Vanilleschoten zu Vanillepulver: Das besteht zu 100 % aus gemahlenen Vanilleschoten und ist viel aromatischer.

KARDAMOM

Seine ätherischen Öle sorgen für das besondere Aroma und fördern die Verdauung. Die Samen aus der Hülle entfernen und im Mörser zerstoßen.

LUCUMA

Dieses Pulver süßt dezent, ohne den Blutzuckerspiegel ansteigen zu lassen, und ergänzt Kakao und Carob dank seiner feinen Karamellnote wunderbar.

LUST AUF FRISCHE?

EINFACH ETWAS ABGERIEBENE SCHALE VON BIO-ORANGE ODER –ZITRONE ZUM TEIG GEBEN.

FRESHMAKER

Für einen extrafrischen »After Eight«-Geschmack einfach ein paar Minzeblättchen klein schneiden und zur Schokoglasur (s. Klappe hinten) oder in die Nicecream (s. S. 77) geben.

KAKAO-NIBS

Das sind Kakaobohnen, die schonend getrocknet und anschließend in kleine Stücke gebrochen werden. Perfekt für einen intensiven Schokogeschmack! Machen zudem Kuchen, Torten und Törtchen hübsch.

CAROB

Carobpulver erinnert geschmacklich an Kakao, schmeckt jedoch süßer und leicht malzig. Es enthält zudem weniger Fett und mehr Ballaststoffe als Kakao. Carob kann Kakao ersetzen oder ergänzen.

Bereits 1 Prise gemahlene Tonkabohne in Teig, Füllung oder Belag verfeinert das Gebäck durch eine leicht süßliche Karamell-Mandel-Rum-Note. Super Alternative zu Vanille!

Rosenwasser wird nicht nur zur Herstellung von Marzipan (s. S. 31) eingesetzt. Es verleiht Gebäck aller Art einen ganz besonderen Geschmack – schon ein paar Tropfen reichen aus.

GUTE-LAUNE-ZIMT

Zimt puffert Schwankungen des Blutzuckerspiegels ab und hat eine stimmungsaufhellende Wirkung! Am besten zu Ceylon-Zimt greifen – Cassia-Zimt enthält Cumarin und gilt als gesundheitlich bedenklich.

NÜSSE

Vor der Verwendung auch mal anrösten – dann wird das Aroma viel intensiver!

GESUNDE FETTE

Anstatt raffinierter Öle und industriell gehärteter Fette, die unter anderem in Margarine stecken, verwende ich Nussmus, Avocados, Kokosöl und Kakaobutter, die jede Menge Vitamine, Mineralstoffe und essenzielle gesunde Fettsäuren enthalten. Diese wirken sich positiv auf den Cholesterinspiegel aus und stillen den Hunger lang anhaltend. Nüsse und Kokosöl haben zudem eine natürliche Süße und helfen, beim Backen Zucker einzusparen.

NUSSMUS

Nüsse sind kleine Powerpakete! Auch wenn die Erdnuss botanisch gesehen zu den Hülsenfrüchten zählt und Mandeln, Cashewkerne und Pistazien genau genommen Steinfrüchte sind – eines haben sie alle gemeinsam: Sie enthalten reichlich gesunde einfach und mehrfach ungesättigte Fettsäuren. Die Omega-3-Fettsäuren etwa weisen entzündungshemmende Eigenschaften auf. Nüsse können zu Mus zerkleinert werden und lassen sich so vielfältig verwenden: als Brotaufstrich, in Smoothies, Saucen und Dips – und natürlich zum Backen. Nussmus kann außerdem Butter und Margarine in Teilen ersetzen (s. Klappe vorne). Pures Nussmus ohne Zuckerzusatz ist in vielen Supermärkten und im Bio-Laden erhältlich, kann aber auch ganz einfach selbst hergestellt werden (s. S. 32).

AVOCADO

Avocados haben mit bis zu 30 % den höchsten Fettgehalt aller bekannten Gemüse- und Obstsorten und sind beliebt wegen ihrer cremig-buttrigen Konsistenz, die auch der Grund für den Spitznamen »Butterfrucht« ist. In Backwaren kann Avocado Butter ersetzen und Kuchen & Co. mit jeder Menge Nährstoffe versorgen: Ihre überwiegend ungesättigten Fettsäuren, Ballaststoffe, Vitamine und Mineralstoffe lassen die Avocado zu einem gesunden Superfood werden. Wegen ihres milden, leicht nussigen Geschmacks und ihrer Sämigkeit passt die Avocado gut zu saftigen Backwaren wie dem Avocadokuchen mit Pistazien (s. S. 80). Und keine Sorge – die Avocado schmeckt man kaum heraus.

KOKOSÖL

Das Kokosöl enthält rund 90 % mittelkettige gesättigte Fettsäuren, die bis vor wenigen Jahren noch als ungesund abgestempelt wurden. Heute wissen wir aber, dass sie sehr gesund sind: Diese Fettsäuren senken nicht nur das »schlechte« LDL-Cholesterin, sondern erhöhen gleichzeitig auch das »gute« HDL-Cholesterin im Blut. Außerdem gelangen sie schnell ins Blut und werden direkt zur Energiegewinnung genutzt. Kokosöl gilt als einziges Öl, das auch beim Erhitzen seine gesundheitsfördernden Eigenschaften beibehält. Das feste Pflanzenöl wird erst ab ca. 25 Grad flüssig. Diese Eigenschaft machen wir uns beispielsweise zunutze, wenn Kokosöl in einer dunklen oder hellen Schokoglasur (s. Klappe hinten) zum Einsatz kommt.

KAKAOBUTTER

Kakaobutter ist ein hellgelbes Fett, das aus den Samen des Kakaobaums gewonnen wird und nicht nur an Butter erinnert, sondern diese wunderbar in Kuchen, Keksen und anderem Gebäck ersetzen kann. Beim veganen Backen ist dieses Pflanzenfett mit dem milden Kakaoaroma darum auch besonders beliebt. Außerdem ist Kakaobutter Grundzutat für selbst gemachte zuckerfreie Schokolade, Pralinen und Glasuren (s. S. 120 und Klappe hinten), aber auch perfekt für Eis und andere Desserts. Erhältlich ist Kakaobutter am Stück und in Tröpfchenform, wodurch sie besonders gut portioniert werden kann. Zur Verwendung einfach bei 30–35 Grad über dem heißen Wasserbad schmelzen.

DATTELPASTE

Für 1 Flasche

Zubereitungszeit: 20 Min.
Einweichzeit: 30 Min.
Abkühlzeit: 30 Min.
Pro Flasche (ca. 650 g):
830 kcal, 6 g E, 2 g F, 196 g KH

500 g getrocknete Datteln
(entsteint, Sorte Deglet Nour)

Außerdem

1 Schraubflasche mit weitem
Hals (500 ml)

1. Datteln in einen Topf geben und mit 600 ml heißem Wasser übergießen, 30 Min. einweichen.

2. Dann die Datteln aufkochen und bei kleiner Hitze in ca. 30 Min. zerkochen lassen, dabei zwischendurch umrühren. Den Topf vom Herd nehmen und die Dattelmasse zugedeckt 30 Min. abkühlen lassen.

3. Jetzt ein großes, feinmaschiges Sieb in einen Topf hängen und die Dattelmasse hineingießen. Die Masse mit einem Löffel durch das Sieb passieren. Den Topf auf den Herd stellen und die Dattelmasse 8–10 Min. bei kleiner Hitze unter Rühren köcheln lassen, bis sie eine pastenartige Konsistenz hat.

4. Dann die heiße Dattelpaste sofort in die gründlich gereinigte Flasche füllen und gut verschließen. Im Kühlschrank hält sich die Paste mind. 4 Wochen. Die Dattelpaste kann auch sehr gut Trockenpflaumen-püree in den Rezepten ersetzen.

APFELMARK

Für 3 Gläser
Zubereitungszeit: 25 Min.
Auskühlzeit: 1 Std.
Pro Glas (ca. 200 g): 115 kcal,
1 g E, 1 g F, 24 g KH

1 kg säuerliche Äpfel
(z. B. Elstar oder Boskop)

Außerdem
3 Einmachgläser (à 250 ml)

1. Die Äpfel vierteln, entkernen, schälen und in grobe Stücke schneiden. Mit 100 ml Wasser in einen Topf geben und bei mittlerer Hitze in ca. 10 Min. weich kochen. Mit dem Pürierstab fein zerkleinern.

2. Dann das heiße Apfelmark sofort in die gründlich gereinigten Gläser füllen und gut verschließen. Die Gläser zum Auskühlen 1 Std. kopfüber auf den Deckel stellen. Im Kühlschrank hält sich das Mark 2–3 Tage.

INFO

Im Gegensatz zu Apfelmus enthält Apfelmark nur die natürliche Süße der Früchte. Apfelmus wird zusätzlich mit Haushaltszucker gesüßt. Deshalb immer zu Apfelmark greifen – oder einfach schnell selbst herstellen!

QUICK & EASY

TROCKEN-PFLAUMENPÜREE

Für 2 Gläser

Zubereitungszeit: 15 Min.
Einweichzeit: 12 Std.
Pro Glas (ca. 350 g). 555 kcal,
6 g E, 2 g F, 119 g KH

500 g Trockenpflaumen
(ohne Stein)

Außerdem

2 Einmachgläser (à 350 ml)

1. Die Trockenpflaumen in eine Schüssel geben und mit 200 ml Wasser bedecken. Die Pflaumen abgedeckt 12 Std. (am besten über Nacht) einweichen.

2. Am nächsten Tag die Trockenpflaumen samt Einweichwasser mit dem Pürierstab fein zerkleinern. Das Püree in die gründlich gereinigten Gläser füllen und gut verschließen. Im Kühlschrank hält sich das Trockenpflaumenpüree mind. 4 Wochen.

TIPP

Wenn es schnell gehen muss, die Trockenpflaumen einfach mit 200 ml kochend heißem Wasser übergießen und 15 Min. einweichen, dann pürieren.

CHIA-HIMBEER-KONFITÜRE

Für 1 Glas

Zubereitungszeit: 10 Min.
Quellzeit: 30 Min.
Pro Glas (ca. 115 g): 100 kcal,
4 g E, 5 g F, 6 g KH

100 g Himbeeren (ersatzweise
aufgetaute TK-Himbeeren)
1 EL Chia-Samen

Außerdem

1 Einmachglas (100 ml)

1. Die Himbeeren verlesen und nur falls nötig abbrausen und trocken tupfen. Die Beeren in einen hohen Rührbecher geben und mit dem Pürierstab fein zerkleinern.

2. Chia-Samen unter das Himbeerpüree rühren und die Mischung abgedeckt 30 Min. im Kühlschrank quellen lassen. Dann die Konfitüre noch einmal pürieren.

3. Die Chia-Himbeer-Konfitüre in das gründlich gereinigte Glas füllen und gut verschließen. Im Kühlschrank hält sich die Konfitüre 2–3 Tage.

QUICK & EASY

KARAMELL
MIT FLEUR DE SEL

Für 1 Glas

Zubereitungszeit: 15 Min.
Pro Glas (ca. 160 g): 430 kcal,
4 g E, 10 g F, 74 g KH

100 g Medjoul Datteln
(entsteint)
50 ml Kokosmilch (ersatz-
weise Mandeldrink, s. S. 33)
1 EL Kokosblütensirup
Fleur de Sel
1 Msp. gemahlene Vanille

Außerdem

1 Einmachglas (100 ml)

1. Die Datteln in kleine Stücke schneiden und mit Kokos-
milch, Kokosblütensirup, 1 TL Fleur de Sel und der
Vanille in einen hohen Rührbecher geben. Mit einem
Pürierstab fein zerkleinern.

2. Das Karamell in das gründlich gereinigte Glas füllen
und gut verschließen. Im Kühlschrank ist das Karamell
ca. 2 Wochen haltbar.

TIPP

Das salzige Karamell kann als Topping über Gebäck
(z. B. Cupcakes) gegeben werden, und es passt auch
gut zu einem Latte macchiato. Einfach 1 TL Karamell in
ein Glas laufen lassen und die geschäumte Milch und
den Kaffee daraufgießen. Gut verrühren und genießen!

MARZIPAN

Für 150 g

Zubereitungszeit: 10 Min.
Kühlzeit: 30 Min.
Pro Portion (150 g): 820 kcal,
15 g E, 59 g F, 59 g KH

100 g weißes Mandelmus
50 g Reissirup
2 Tropfen Bittermandelöl
½ TL Rosenwasser

1. Das Mandelmus und den Reissirup in einer Schüssel verrühren. Das Bittermandelöl und das Rosenwasser dazugeben und alles mit den Knethaken des Handrührgeräts verkneten, bis die Masse geschmeidig ist.

2. Die Mandelmasse aus der Schüssel nehmen und auf der Arbeitsplatte nochmals durchkneten, dann zu einer dicken Rolle formen.

3. Das Marzipan gut in Frischhaltefolie einwickeln und mind. 30 Min. im Kühlschrank ruhen lassen, bevor es verzehrt oder weiterverarbeitet wird (z. B. Apfelkuchen, s. S. 91). Im Kühlschrank aufbewahrt ist das Marzipan mind. 4 Wochen haltbar.

MANDELMUS

Für 2 Gläser

Zubereitungszeit: 20 Min.
Pro Glas (ca. 250 g): 1515 kcal,
55 g E, 140 g F, 13 g KH

500 g Mandeln (ersatzweise
Erdnuss-, Cashew-, Pistazien-,
Haselnuss- oder Walnusskerne)
1 EL Nussöl (bei Bedarf)

Außerdem

2 Einmachgläser (à 250 ml)

1. Die Mandeln in einen Hochleistungsmixer geben und zunächst fein zerkleinern – immer 2–3 Sek. mixen, kurz warten und wieder mixen. Die Pausen helfen dabei, dass das Mahlwerk nicht heiß läuft.

2. Sobald die Mandeln fein zerkleinert sind, beginnen sie sich beim Weitermixen zu einem Mus zu verbinden – ihr Fett tritt dabei aus. Das Mus immer wieder von den Seiten des Mixers abschaben und nach unten drücken, so lange, bis es über eine feine, cremige Konsistenz verfügt. Dabei bei Bedarf noch das Nussöl dazugeben.

3. Das Mandelmus in die gründlich gereinigten Gläser füllen und gut verschließen. Im Kühlschrank aufbewahrt ist das Mus mind. 4 Wochen haltbar.

MANDELDRINK

Für 2 Flaschen

Zubereitungszeit: 15 Min.
Einweichzeit: 12 Std.
Pro Flasche (500 ml): 195 kcal,
4 g E, 15 g F, 11 g KH

200 g Mandeln (ersatzweise
Haselnuss- oder Walnusskerne)

Außerdem

Nussmilchbeutel (ersatzweise
Sieb mit Geschirr- oder Mull-
tuch auslegen)
2 Schraubflaschen (à 500 ml)

1. Die Mandeln in eine Schüssel geben, mit reichlich
Wasser bedecken und abgedeckt 12 Std. (am besten
über Nacht) einweichen.

2. Am nächsten Tag Mandeln in ein Sieb abgießen und
abtropfen lassen, dann mit 1 l frischem Wasser in einen
Hochleistungsmixer geben. So lange mixen, bis die
Mandeln fein zerkleinert sind. Mandelmischung in den
Nussmilchbeutel gießen, ablaufenden Drink in einer
Schüssel auffangen. Mandeln im Beutel auswringen.

3. Den Mandeldrink in die gründlich gereinigten Flaschen
füllen und gut verschließen. Im Kühlschrank aufbewahrt
ist der Drink 2–3 Tage haltbar.

SCHNELLER MANDELDRINK

Für 2 Flaschen (à 500 ml) 4 EL Mandelmus (s. S. 32) mit
1 l Wasser in einen Hochleistungsmixer geben. Mixen,
bis eine cremige Konsistenz entsteht.

KOKOSMUS

Ob fertig gekauft oder selbst gemacht – das Mus eignet sich wunderbar für die Herstellung von Kokosmilch und dient in Backwaren als natürliches Süßungsmittel.

Für 1 Glas

Zubereitungszeit: 5 Min
Pro Glas (200 g): 1255 kcal,
11 g E, 129 g F, 13 g KH

200 g Kokosraspel
1 TL Kokosöl (bei Bedarf)

Außerdem

1 Einmachglas (150 ml)

1. Die Kokosraspel in einen Hochleistungsmixer geben und zunächst auf mittlerer Stufe ca. ½ Min. mixen, kurz warten und wieder mixen. Die Pausen helfen dabei, dass das Mahlwerk nicht heiß läuft.

2. Sobald die Kokosraspel fein zerkleinert sind, beginnen sie sich beim Weitermixen zu einem Mus zu verbinden. Das Mus immer wieder von den Seiten des Mixers abschaben und nach unten drücken, so lange, bis es eine cremige Konsistenz hat. Eventuell Öl dazugeben.

3. Das Kokosmus in ein gründlich gereinigtes Glas füllen und gut verschließen. Im Kühlschrank aufbewahrt ist das Mus ca. 4 Wochen haltbar.

TIPP

Festes Kokosmus wird wieder flüssig, wenn es bei kleiner Hitze (25–30°) im Wasserbad geschmolzen wird.

SCHNELLE KOKOSMILCH

Für 1 Flasche (1 l) 900 ml Wasser mit 100 g Kokosmus in einen Hochleistungsmixer geben und 2–3 Sek. kräftig mixen. Im Kühlschrank aufbewahrt ist die Kokosmilch 2–3 Tage haltbar.

SCHOKO-PANCAKES

Für 2 Portionen (8 Stück)

Zubereitungszeit: 25 Min.
Pro Portion: 840 kcal,
22 g E, 49 g F, 76 g KH

Für die Schokosauce

1 EL Kokosöl
2 EL Mandelmus (s. S. 32)
1 EL Kakaopulver

Für die Pancakes

50 g Feinblatt-Haferflocken
100 g Teffmehl (ersatzweise
Vollkorn-Dinkelmehl)
1 TL Weinstein-Backpulver
2 EL Kakaopulver
½ TL Zimtpulver
1 Msp. gemahlene Vanille
Salz
1 kleine vollreife Banane
(ohne Schale ca. 120 g)
200 ml Mandeldrink (s. S. 33)
100 ml Mineralwasser
(mit Kohlensäure)
2 EL Kokosöl
1 EL Apfelessig

Für die Garnitur

80 g Heidelbeeren
2 EL Kakao-Nibs

1. Für die Schokosauce das Kokosöl erwärmen, bis es flüssig ist, und mit dem Mandelmus und dem Kakao verrühren. Die Heidelbeeren verlesen und waschen.

2. Für die Pancakes die Haferflocken in einem Hochleistungsmixer zu Mehl mahlen. Mit Teffmehl, Backpulver, Kakao, Zimt, Vanille und 1 Prise Salz in einer Schüssel vermischen. Banane schälen, grob würfeln und mit dem Mandeldrink im Mixer fein pürieren.

3. Den Bananen-Mandel-Mix zu den trockenen Zutaten geben und mit den Rührbesen des Handrührgeräts glatt verrühren. Mineralwasser nach und nach unterrühren. 1 EL Kokosöl erwärmen, bis es flüssig ist, und mit dem Essig ebenfalls unter den Teig rühren.

4. In zwei großen beschichteten Pfannen je ½ EL Kokosöl erhitzen. Nach und nach mit ausreichend Abstand je 2 EL Teig in die Pfannen geben, sodass kleine Pancakes entstehen. Die Pancakes in 3–5 Min. bei mittlerer Hitze goldbraun backen. Wenden und auch die zweite Seite backen.

5. Die Pancakes auf einen Teller stapeln und die Schokosauce darüberlaufen lassen. Mit den Heidelbeeren und den Kakao-Nibs garnieren.

QUICK & EASY

BAKED OATMEAL

Für 2 Portionen

Zubereitungszeit: 5 Min.
Backzeit: 10 Min.
Pro Portion: 430 kcal,
13 g E, 30 g F, 25 g KH

3 EL Mandeln
60 g Feinblatt-Haferflocken
½ TL Zimtpulver
1 Msp. gemahlene Vanille
150 ml Mandeldrink (s. S. 33)
125 g Heidelbeeren
2 EL Mandelblättchen

Außerdem

Auflaufform (20 × 15 cm)
Fett für die Form

1. Den Backofen auf 175° vorheizen. Die Mandeln grob hacken. Mit Haferflocken, Zimt, Vanille und Mandeldrink in einer Schüssel vermischen. Die Heidelbeeren verlesen, waschen und unter das Oatmeal mischen.

2. Die Auflaufform einfetten. Das Oatmeal in die Form geben und gleichmäßig darin verteilen. Im Ofen (Mitte) ca. 10 Min. backen. Dabei nach 7–8 Min. die Mandelblättchen auf dem Oatmeal verteilen.

TIPP

Das Oatmeal entweder mit Joghurt servieren – einfach 2 EL pro Portion darübergeben – oder je 4 EL Mandeldrink (s. S. 33) darüberlaufen lassen.

SCHOKO-KOKOS-GRANOLA

Für 10 Portionen

Zubereitungszeit: 5 Min.
Backzeit: 10 Min.
Pro Portion (35 g): 175 kcal,
3 g E, 14 g F, 10 g KH

60 g Kokosöl
100 g Feinblatt-Haferflocken
40 g Kakaopulver
100 g Kokosraspel
4 EL Kokosblütensirup
½ TL gemahlene Vanille
Salz

1. Den Backofen auf 175° vorheizen. Ein Backblech mit Backpapier auslegen. Das Kokosöl erwärmen, bis es flüssig ist. Mit Haferflocken, Kakao, Kokosraspeln, Kokosblütensirup, Vanille und 1 Prise Salz vermischen.

2. Granola auf dem Backblech verteilen und 10 Min. im Ofen (Mitte) backen, herausnehmen und auskühlen lassen. In ein Schraubglas oder einen Vorratsbehälter füllen und gut verschließen. Haltbarkeit: ca. 3 Monate.

TIPP

Für mehr Crunch die Haferflocken durch Buchweizen ersetzen. Optional 80 g Haselnusskerne fein hacken und unter das gebackene Granola mischen.

GRANOLA-CUPS MIT BEEREN

Für 6 Stück

Zubereitungszeit: 15 Min.
Backzeit: 15 Min.
Pro Stück: 175 kcal,
4 g E, 5 g F, 29 g KH

Für den Teig

60 g Cornflakes (ungesüßt)
2 vollreife Bananen
2 EL Kokosblütensirup
80 g Feinblatt-Haferflocken
1 Msp. gemahlene Vanille
½ TL Zimtpulver
Salz

Für die Füllung

120 g griechischer Joghurt
(ersatzweise Kokosjoghurt)
60 g gemischte Beeren
(z. B. Himbeeren, kleine
Erdbeeren, Heidelbeeren,
Brombeeren)

Außerdem

6er-Muffinform
Fett für die Form

1. Den Backofen auf 175° vorheizen. Die Mulden der Muffinform einfetten. Für den Teig die Cornflakes im Hochleistungsmixer fein zerkleinern. Bananen schälen, in grobe Stücke schneiden und in einer Schüssel mit einer Gabel zu Mus zerdrücken.

2. Cornflakes, Kokosblütensirup, Haferflocken, Vanille, Zimt und 1 Prise Salz zum Bananenmus geben und alles zu einem Teig verkneten.

3. Den Teig sechsteln und jede Portion in eine Mulde der Muffinform drücken und zu Cups formen. Die Form in den Ofen (Mitte) schieben und die Granola-Cups in 15 Min. goldbraun backen. Dann herausnehmen, kurz abkühlen lassen und vorsichtig aus der Form lösen.

4. Den griechischen Joghurt auf die Granola-Cups verteilen. Die Beeren verlesen, nur falls nötig waschen und trocken tupfen, putzen und über den Joghurt streuen.

INFO

Ungesüßte Cornflakes, die zu 100 % aus Mais hergestellt wurden, gibt es in fast allen Drogeriemärkten und Bio-Supermärkten sowie in sehr gut sortierten herkömmlichen Supermärkten zu kaufen.

FRÜHSTÜCKS-PIZZA

Für 2 Portionen

Zubereitungszeit: 25 Min.
Quellzeit: 10 Min.
Backzeit: 15 Min.
Pro Portion: 315 kcal,
10 g E, 12 g F, 37 g KH

Für den Teig

1 EL geschrotete Leinsamen
100 g Feinblatt-Haferflocken
50 g Apfelmark (s. S. 27)

Für die Sauce

50 g Himbeeren
70 g Kokosjoghurt
(ungesüßt)

Für den Belag

50 g gemischte Beeren
(z. B. Himbeeren, kleine
Erdbeeren, Heidelbeeren,
Brombeeren)
1 EL Pistazienkerne

1. Den Backofen auf 175° vorheizen. Ein Backblech mit Backpapier auslegen. Für den Teig einen Ei-Ersatz zubereiten. Dafür den Leinsamen mit 3 EL Wasser verquirlen und 5–10 Min. quellen lassen. Die Haferflocken in einem Hochleistungsmixer zu Mehl mahlen.

2. Das Hafermehl mit dem Leinsamen-Ei und dem Apfelmark mit den Händen zu einem Teig verkneten. Den Teig auf dem Blech zu zwei ½ cm dicken Pizzaböden formen und im Ofen (Mitte) 15 Min. backen. Herausnehmen und auskühlen lassen.

3. Inzwischen für die Sauce die Himbeeren verlesen und nur falls nötig abbrausen und trocken tupfen. Mit dem Joghurt in einen hohen Rührbecher geben und mit dem Pürierstab pürieren. Für den Belag die gemischten Beeren verlesen und nur falls nötig abbrausen und trocken tupfen. Die Pistazien grob hacken.

4. Die Himbeer-Kokos-Sauce auf den Pizzaböden verstreichen und die gemischten Beeren darauf verteilen. Mit den gehackten Pistazien bestreuen.

FRÜCHTEBROT

Trockenfrüchte, Apfelmark und Zimt sorgen im Früchtebrot für eine wunderbar milde Süße – da ist Haushaltszucker komplett überflüssig!

Für 1 Brot
(ca. 15 Scheiben)

Zubereitungszeit: 15 Min.
Ruhezeit: 20 Min.
Backzeit: 50 Min.
Pro Scheibe: 160 kcal,
6 g E, 3 g F, 26 g KH

60 g getrocknete Aprikosen
(ungeschwefelt!)
60 g Trockenpflaumen
3 EL Walnusskerne
1 Bio-Orange
250 g Vollkorn-Dinkelmehl
250 g Vollkorn-Kamutmehl
1 TL Zimtpulver
Salz
42 g frische Hefe (1 Würfel)
100 g Apfelmark (s. S. 27,
ersatzweise ungesüßtes Aprikosenmark aus dem Glas)
2 EL Apfelessig

Außerdem

Kastenform (26 cm lang)
Fett für die Form

1. Die Aprikosen, die Trockenpflaumen und die Walnusskerne fein hacken. Die Orange heiß waschen und abtrocknen, Schale fein abreiben, Saft auspressen. Beide Mehlsorten, Zimt und 1 Prise Salz mischen.

2. Hefe in 400 ml lauwarmes Wasser bröckeln, Orangensaft und -schale, das Apfelmark und den Apfelessig dazugeben. Mit den Rührbesen des Handrührgeräts verrühren. Die Mehlmischung dazugeben und alles mit den Knethaken des Handrührgeräts zu einem Teig verkneten. Zum Schluss Aprikosen, Trockenpflaumen und Walnüsse unterkneten. Den Teig abgedeckt an einem warmen Ort 20 Min. gehen lassen.

3. Den Backofen auf 175° vorheizen, die Form einfetten. Teig in die Form geben. Die Form in den Ofen (Mitte) schieben und das Früchtebrot ca. 50 Min. backen.

4. Das Früchtebrot aus dem Ofen nehmen und in der Form ein wenig abkühlen lassen, dann aus der Form stürzen und komplett auskühlen lassen.

TIPP

Das Früchtebrot kann anstatt mit einer Mehlmischung auch mit 500 g Vollkorn-Dinkelmehl zubereitet werden.

FRÜHSTÜCKS-MUFFINS

Ob als schnelles Frühstück, das ganz einfach vorbereitet werden kann, oder als Snack zwischendurch – diese Frühstücksmuffins gehen immer!

Für 12 Stück

Zubereitungszeit: 15 Min.
Backzeit: 50 Min.
Pro Stück: 260 kcal,
6 g E, 17 g F, 19 g KH

2 vollreife Bananen
250 g Feinblatt-Haferflocken
2 TL Weinstein-Backpulver
2 TL Zimtpulver
2 EL Sonnenblumenkerne
50 g Kokosraspel
1 TL Apfelmark (s. S. 27)
250 ml Mandeldrink (s. S. 33)
80 ml Sonnenblumenöl
3 Trockenpflaumen
6 EL Topping zum Bestreuen
(z. B. Mohn, Kürbiskerne oder
Sonnenblumenkerne)

Außerdem

12er-Muffinform
Fett für die Form

1. Den Backofen auf 175° vorheizen. Die Mulden der Muffinform einfetten. Die Bananen schälen, in grobe Stücke schneiden und in einer Schüssel mit einer Gabel zu Mus zerdrücken. Die Haferflocken in einem Hochleistungsmixer zu Mehl mahlen.

2. Hafermehl, Backpulver, Zimt, Sonnenblumenkerne und Kokosraspel in einer Schüssel mischen. Bananenmus, Apfelmark, Mandeldrink und Öl dazugeben und alles mit den Rührbesen des Handrührgeräts zu einem Teig verrühren. Trockenpflaumen fein würfeln oder hacken und unter den Teig mischen.

3. Den Teig in den Mulden der Muffinform verteilen. Die Form in den Ofen (Mitte) schieben und die Muffins in ca. 50 Min. goldbraun backen. Dabei 10 Min. vor Backzeitende mit dem Kerne- und/oder Samen-Topping bestreuen. Dann herausnehmen, kurz abkühlen lassen und aus der Form lösen. Dazu passt Chia-Himbeer-Konfitüre von S. 29 sehr gut.

MUFFINS MIT SMOOTHIE-KERN

Für 12 Stück

Zubereitungszeit: 30 Min.
Tiefkühlzeit: 4 Std.
Backzeit: 25 Min.
Pro Stück: 155 kcal,
3 g E, 8 g F, 18 g KH

Für die Füllung

50 g Himbeeren (ersatzweise
aufgetaute TK-Beeren)
1 TL Kokosmus (s. S. 34)
1 TL Limettensaft

Für den Teig

200 g Vollkorn-Dinkelmehl
1 ½ EL Weinstein-Backpulver
1 EL Speisestärke
3 EL Kokosblütenzucker
100 g Joghurt
1 EL Zitronensaft
80 ml Mineralwasser (mit
Kohlensäure)
70 ml Sonnenblumenöl

Außerdem

Eiswürfelform
12er-Muffinform
Fett für die Form

1. Für die Füllung Himbeeren nur falls nötig abbrausen und trocken tupfen. Die Beeren mit dem Kokosmus, dem Limettensaft und 2 EL Wasser mit dem Pürierstab zum Smoothie mixen. Den Smoothie in sechs Mulden der Eiswürfelform verteilen und mind. 4 Std. tiefkühlen, bis die Smoothie-Würfel fest sind.

2. Dann den Backofen auf 200° vorheizen. Die Mulden der Muffinform einfetten. Für den Teig Mehl, Back- pulver, Speisestärke und Kokosblütenzucker in einer Schüssel mischen. Joghurt, Zitronensaft, Mineralwasser und Öl dazugeben und alles mit den Rührbesen des Handrührgeräts zu einem Teig verrühren.

3. In jede Mulde der Muffinform 1 EL Teig füllen. Die Smoothie-Würfel aus der Eiswürfelform lösen und mit einem Messer halbieren. In jede Teigportion in der Form 1 Smoothie-Würfelhälfte drücken. Je 1 EL Teig über der Smoothie-Füllung verteilen.

4. Die Form in den Ofen (Mitte) schieben und die Muffins in ca. 25 Min. goldbraun backen. Dann herausnehmen, kurz abkühlen lassen und aus der Form lösen.

TIPP

Diese Muffins schmecken nicht nur mit einem Beeren- Smoothie-Kern. Die eisigen Würfel kann man anstatt mit Himbeeren auch mit 50 g Baby-Blattspinat oder Mangowürfeln zubereiten.

QUICK & EASY

GREEN MUFFINS

Für 6 Stück

Zubereitungszeit: 10 Min.
Backzeit: 30 Min.
Pro Stück: 160 kcal,
5 g E, 9 g F, 15 g KH

50 g Blattspinat
1 kleine vollreife Banane
(ohne Schale ca. 140 g)
100 g Feinblatt-Haferflocken
125 g Kokosmilch (s. S. 34)
1 TL Kokosöl
1 Ei (M)
½ TL Weinstein-Backpulver
Salz
½ TL Zimtpulver

Außerdem

6er-Muffinform
Fett für die Form

1. Den Backofen auf 175° vorheizen. Die Mulden der Muffinform einfetten. Blattspinat verlesen, waschen, trocken schleudern und grobe Stiele abzwicken. Die Banane schälen und in kleine Stücke schneiden.

2. Blattspinat, Banane, Haferflocken und Kokosmilch in einem Hochleistungsmixer zu einem grünen Smoothie mixen. Das Kokosöl erwärmen, bis es flüssig ist.

3. Den Smoothie in eine Schüssel geben und Kokosöl, Ei, Backpulver, 1 Prise Salz und Zimt mit den Rührbesen des Handrührgeräts unterrühren.

4. Den Teig in den Mulden der Muffinform verteilen. Die Form in den Ofen (Mitte) schieben und die Muffins ca. 30 Min. backen. Dann herausnehmen, kurz abkühlen lassen und aus der Form lösen.

SCHOKOMUFFINS

Für 6 Stück

Zubereitungszeit: 10 Min.
Quellzeit: 15 Min.
Backzeit: 15 Min.
Pro Stück: 390 kcal,
12 g E, 29 g F, 19 g KH

120 g Datteln (entsteint)
1 kleine vollreife Banane
(ohne Schale ca. 100 g)
120 ml Mandeldrink (s. S. 33)
2 Eier (M)
200 g gemahlene Mandeln
8 EL Kakaopulver
Salz
2 Msp. gemahlene Vanille
3 EL Kokosöl

Außerdem

6er-Muffinform
Fett für die Form

1. Datteln in einer Schüssel mit kochend heißem Wasser übergießen und ca. 15 Min. quellen lassen, dann abgießen. Den Backofen auf 175° vorheizen. Die Mulden der Muffinform einfetten.

2. Die Banane schälen und grob würfeln. Mit Datteln und Mandeldrink in einem Hochleistungsmixer mixen. In einer Schüssel mit Mandeln, Eiern, 5 EL Kakaopulver, 1 Prise Salz und 1 Msp. Vanille verrühren.

3. Den Teig in den Mulden der Muffinform verteilen. Die Form in den Ofen (Mitte) schieben und die Muffins in 15 Min. backen. Dann herausnehmen, kurz abkühlen lassen und aus der Form lösen.

4. Das Kokosöl erwärmen, bis es flüssig ist, und mit den übrigen 3 EL Kakaopulver, restlicher Vanille (1 Msp.) und 1 Prise Salz verrühren. Den Guss mit einem Backpinsel auf den Muffins verstreichen, abkühlen lassen. Die Muffins im Kühlschrank aufbewahren.

ZUPFKUCHEN-MUFFINS

Es muss ja nicht immer ein großer Kuchen sein – Zupfkuchen in Muffinform schmeckt ebenfalls superlecker. Und Reste lassen sich so noch einfacher einfrieren!

Für 12 Stück

Zubereitungszeit: 20 Min.
Backzeit: 35 Min.
Pro Stück: 270 kcal,
9 g E, 18 g F, 19 g KH

Für den Teig

200 g Vollkorn-Dinkelmehl
2 ½ TL Weinstein-Backpulver
3 EL Kakaopulver
2 EL Kokosblütenzucker
170 g weiche Butter

Für die Füllung

50 g Sahne
250 g Quark (20 % Fett i. Tr.)
2 EL Kokosblütenzucker
2 Eier (M)
1 Msp. gemahlene Vanille
Salz
4 EL Kokosmehl (ersatzweise Speisestärke)

Außerdem

12er-Muffinform
Fett für die Form

1. Den Backofen auf 175° vorheizen. Die Mulden der Muffinform einfetten. Für den Teig das Dinkelmehl mit Backpulver, Kakaopulver und Kokosblütenzucker in einer Schüssel mischen. Die Butter dazugeben. Alles mit den Händen zu einem Teig verkneten.

2. Für die Füllung Sahne, Quark, Kokosblütenzucker, Eier, Vanille, 1 Prise Salz und das Kokosmehl in eine Schüssel geben. Alles mit den Rührbesen des Handrührgeräts glatt verrühren.

3. Zwei Drittel des Teiges in 12 Portionen teilen. Jede Teigportion in eine Mulde der Muffinform geben und darin mit den Händen auf dem Boden andrücken. Die Füllung auf dem Teig verteilen. Den restlichen Teig in kleine Stücke zupfen und auf der Füllung verteilen.

4. Die Form in den Ofen (Mitte) schieben und die Zupfkuchen-Muffins 35 Min. backen. Dann herausnehmen, kurz abkühlen lassen und aus der Form lösen.

VANILLE-KIRSCH-MUFFINS

Für 12 Stück

Zubereitungszeit: 15 Min.
Backzeit: 22 Min.
Pro Stück: 200 kcal,
6 g E, 10 g F, 21 g KH

250 g Kirschen (Süß- oder Sauerkirschen)
200 g Vollkorn-Dinkelmehl
60 g Feinblatt-Haferflocken
1 EL Weinstein-Backpulver
2 Eier (M)
65 g weiche Butter
250 g Buttermilch
2 EL Kokosblütenzucker
½ TL gemahlene Vanille
4 EL Mandelblättchen

Außerdem

12er-Muffinform
Fett für die Form

1. Den Backofen auf 175° vorheizen. Die Mulden der Muffinform einfetten. Die Kirschen waschen, entstielen und entkernen. Das Mehl mit Haferflocken und Backpulver mischen.

2. Die Eier in einer Schüssel mit den Rührbesen des Handrührgeräts schaumig schlagen. Butter, Buttermilch, Kokosblütenzucker und Vanille unterrühren. Die Mehlmischung dazugeben und alles zu einem glatten Teig verrühren. Die Kirschen vorsichtig unterheben.

3. Den Teig in den Mulden der Muffinform verteilen. Die Form in den Ofen (Mitte) schieben und die Muffins 20 Min. backen. Dann mit Mandelblättchen bestreuen und in weiteren 2 Min. goldbraun backen. Die Muffins aus dem Ofen nehmen, kurz abkühlen lassen und aus der Form lösen.

TIPP

Statt frischer Kirschen können auch Sauerkirschen aus dem Glas oder TK-Sauerkirschen (nach Belieben noch gefroren oder bereits aufgetaut) verwendet werden. Gibt es beides ungesüßt im Supermarkt.

KAFFEETÖRTCHEN

Für 1 Törtchen (8 Stücke)

Zubereitungszeit: 30 Min.
Kühlzeit: 2 Std. 30 Min.
Pro Stück: 335 kcal,
7 g E, 25 g F, 18 g KH

100 g Datteln (entsteint)
1 EL gemahlene Mandeln
1 TL Kokosraspel
2 ½ EL rohes Kakaopulver
2 EL Kakaobutter
160 g Cashew-Mus (ersatz-
weise Erdnussmus)
3 EL Kokosmus (s. S. 34)
3 ½ EL Kokosöl
3 EL frisch gebrühter Espresso
2 ½ TL Kokosblütensirup
1 Msp. gemahlene Vanille
Salz
1 TL geröstete Kaffeebohnen
(ersatzweise 1 EL Kakao-Nibs)

Außerdem

Servierring (10 cm Ø)

1. Den Servierring auf einen Teller stellen, der mit Back-papier ausgelegt ist. Die Törtchen werden aus drei Massen schichtweise zubereitet. Für die erste Masse 50 g Datteln klein würfeln und mit Mandeln, Kokosras-peln und ½ EL Kakaopulver im Blitzhacker möglichst fein zerkleinern. Mandel-Dattel-Mischung im Ring ver-teilen und gleichmäßig auf den Tellerboden drücken.

2. Für die zweite Masse die Kakaobutter bei kleiner Hitze über einem heißen Wasserbad schmelzen. Die übrigen Datteln (50 g) klein würfeln. Beides mit 60 g Cashew-Mus und 1 EL Kokosmus mit einem Pürierstab zu einer glatten Masse pürieren. Die Hälfte der Cashew-Dattel-Masse auf der ersten Schicht verteilen, glatt streichen. Das Törtchen 10 Min. in den Kühlschrank stellen.

3. Für die dritte Masse übriges Cashew-Mus (100 g) und Kokosmus (2 EL) mit 1 EL Kakaopulver, 2 EL Kokosöl, dem Espresso, 1 TL Kokosblütensirup, der Vanille und 1 Prise Salz ebenfalls zu einer glatten Masse mixen. Die Hälfte der Cashew-Espresso-Masse auf der zweiten Schicht verteilen und das Törtchen 10 Min. kalt stellen.

4. Dann die restliche Cashew-Dattel-Masse und die übrige Cashew-Espresso-Masse einfüllen und glatt streichen. Das Törtchen wieder 10 Min. kalt stellen.

5. Für den Guss übriges Kokosöl (1 ½ EL) erwärmen, bis es flüssig ist. Mit restlichem Kakaopulver (1 EL) und Kokosblütensirup (1 ½ TL) verrühren. Den Guss auf dem Törtchen verteilen, mit den Kaffeebohnen garnieren. Das Törtchen 2 Std. in den Kühlschrank stellen. Zum Servieren bei Zimmertemperatur kurz anwärmen lassen, dann aus dem Ring lösen und in Tortenstücke teilen.

EISIGE ERDBEER-TÖRTCHEN

Für 4 Stück

Zubereitungszeit: 15 Min.
Einweichzeit: 3 Std.
Tiefkühlzeit: 3 Std.
Pro Stück: 320 kcal,
7 g E, 22 g F, 23 g KH

Für den Boden

1 EL Kokosöl
4 EL Walnusskerne
80 g Datteln (entsteint)
1 EL rohes Kakaopulver
1 Msp. gemahlene Vanille
Salz

Für die Creme
und die Garnitur

4 EL Cashewkerne
½ Limette
1 EL Kokosöl
½ TL frisch gemahlene
Tonkabohne (ersatzweise
1 Msp. gemahlene Vanille)
200 g TK-Erdbeeren
1 Handvoll frische kleine
Erdbeeren (nach Belieben)

Außerdem

6er-Muffinform (aus Silikon)

1. Für die Creme die Cashewkerne in eine Schüssel geben, mit Wasser bedecken und mind. 3 Std. darin einweichen. Anschließend die Cashewkerne in ein Sieb abgießen und gründlich abbrausen.

2. Für den Törtchenboden Kokosöl, Walnüsse, Datteln, Kakaopulver, Vanille und 1 Prise Salz in einen Hochleistungsmixer geben und fein zerkleinern. Die Mischung in die Mulden der Form drücken und kurz in den Kühlschrank stellen.

3. Limette auspressen und den Saft mit Cashewkernen, Kokosöl, Tonkabohne und den gefrorenen Erdbeeren in einem Hochleistungsmixer cremig mixen.

4. Die Creme mit einem Löffel auf den Törtchenböden verteilen, glatt streichen und im Tiefkühlfach in 3 Std. gefrieren lassen. Dann herausnehmen und die Erdbeer-törtchen aus der Form lösen. Nach Belieben noch die frischen Erdbeeren waschen, putzen und die eisigen Törtchen damit garnieren.

TIPP

Anstatt der TK-Erdbeeren können auch gefrorene Mangowürfel oder gefrorenes Kiwipüree verwendet werden. Püree vor der Verarbeitung antauen lassen.

REISTÖRTCHEN

Für 6 Stück

Zubereitungszeit: 30 Min.
Backzeit: 30 Min.
Pro Stück: 315 kcal,
7 g E, 16 g F, 35 g KH

Für die Füllung

300 ml Haferdrink (ungesüßt)
3 EL Hirse
3 EL Vollkorn-Mochireis
1 Ei (M)
Salz
1 TL Kokosöl

Für den Teig

80 g weiche Butter
1 EL Kokosblütenzucker
150 g Vollkorn-Kamutmehl
(ersatzweise Vollkorn-Dinkelmehl)
Salz
1 EL Haferdrink (ungesüßt)

Für die Garnitur

120 g gemischte Beeren
(z. B. Johannisbeeren, Stachelbeeren, Heidelbeeren und
Himbeeren)

Außerdem

6 Tartelette-Förmchen
(à 11 cm Ø)
Fett für die Förmchen

1. Für die Füllung Haferdrink in einem Topf zum Kochen bringen. Die Hirse und den Mochireis unterrühren und bei mittlerer Hitze ca. 20 Min. köcheln lassen, bis die Flüssigkeit verkocht ist. Dabei ab und zu umrühren.

2. Inzwischen für den Teig Butter und Zucker in eine Schüssel geben und mit den Rührbesen des Handrühr- geräts cremig rühren. Mehl, 1 Prise Salz und Haferdrink dazugeben und alles zu einem glatten Teig verrühren. Die Förmchen einfetten und den Teig darin verteilen. Den Backofen auf 175° vorheizen.

3. Das Ei trennen. Eiweiß mit 1 Prise Salz steif schlagen. Das Eigelb und das Kokosöl unter die noch warme Mochireismasse rühren, den Eischnee unterheben.

4. Die Reismasse in den Tartelette-Förmchen auf dem Teig verteilen. Die Törtchen im Ofen (Mitte) 30 Min. backen. Dann herausnehmen, kurz abkühlen lassen und aus der Form lösen.

5. Für die Garnitur die gemischten Beeren verlesen und nur falls nötig vorsichtig abbrausen und trocken tupfen. Johannisbeeren von den Rispen streifen, Stachelbeeren putzen. Die Törtchen mit den Beeren dekorieren.

INFO

Dank seiner natürlichen Süße eignet sich Mochireis besonders für Desserts aller Art. Gekocht ist er ange- nehm weich und erinnert an Milchreis.

APFELWAFFELN MIT HIMBEERCREME

Für 4 Stück

Zubereitungszeit: 30 Min.
Backzeit: 4 Min. (pro Backdurchgang)
Pro Stück: 320 kcal,
8 g E, 17 g F, 33 g KH

Für die Waffeln

100 g Vollkorn-Dinkelmehl
1 EL Weinstein-Backpulver
1 Msp. gemahlene Vanille
Salz
1 EL Kokosöl
80 g Apfelmark (s. S. 27)
50 ml Mandeldrink (s. S. 33)
2 Eier (M)
Reissüße zum Bestäuben

Für die Creme

50 g frische Himbeeren
(ersatzweise aufgetaute
TK-Himbeeren)
100 g Sahne

Außerdem

Waffeleisen für belgische
Waffeln
Fett für das Waffeleisen

1. Für die Waffeln Vollkorn-Dinkelmehl, Backpulver, Vanille und 1 Prise Salz mischen. Kokosöl erwärmen, bis es flüssig ist.

2. Apfelmark und Mandeldrink in einer Schüssel mit den Rührbesen des Handrührgeräts cremig rühren, dabei nacheinander die beiden Eier dazugeben. Dann das Kokosöl unterrühren, zum Schluss die Mehlmischung.

3. Das Waffeleisen nach Gebrauchsanweisung erhitzen und einfetten. Aus dem Teig 4 goldbraune Waffeln backen – je nach Modell und Größe des Waffeleisens die Waffeln portionsweise oder auf einmal backen. Jeder Backdurchgang dauert 3–4 Min.

4. Zwischendurch für die Creme die Himbeeren verlesen und nur falls nötig abbrausen und trocken tupfen. Mit einer Gabel zerdrücken. Die Sahne steif schlagen und das Beerenmus unterheben. Fertige Waffeln mit Reissüße bestäuben und mit der Himbeercreme servieren.

TIPP

Die Apfelwaffeln schmecken statt mit der Himbeercreme auch mit Apfelmark (s. S. 27), Kompott aus saisonalen Früchten oder Nicecream (s. S. 77 und 88) sehr lecker!

ZITRONEN-MOHN-SCONES

Statt des Dinkelmehls auch mal Kamutmehl verwenden – in Kombination mit Joghurt, Reismehl und -sirup werden die Scones dann schön hell und sehen gar nicht so gesund aus, wie sie tatsächlich sind!

Für 8 Stück

Zubereitungszeit: 15 Min.
Backzeit: 10 Min.
Pro Stück: 165 kcal,
4 g E, 6 g F, 25 g KH

½ Bio-Zitrone
120 g Joghurt
2 EL Kokosblütenzucker
4 EL Reissirup
1 Msp. gemahlene Vanille
100 g Vollkorn-Dinkelmehl
(ersatzweise Vollkorn-Kamut-mehl)
80 g Vollkorn-Reismehl (ersatzweise Vollkorn-Dinkelmehl)
½ TL Natron
Salz
2 EL Mohnsamen
2 EL Butter

1. Den Backofen auf 175° vorheizen. Ein Backblech mit Backpapier auslegen. Die Zitrone heiß waschen und abtrocknen, die Schale fein abreiben und den Saft auspressen. Beides mit Joghurt, Kokosblütenzucker, Reissirup und Vanille verrühren.

2. Beide Mehlsorten mit Natron, 1 Prise Salz und dem Mohn in einer Schüssel mischen. Die Butter in kleine Stücke schneiden und dazugeben. Joghurtmischung ebenfalls dazugeben. Alles mit den Knethaken des Handrührgeräts verkneten.

3. Den Teig zu einer Kugel formen, auf das Blech legen und zu einem ca. 1 cm dicken Kreis drücken. Ein scharfes Messer in Wasser tauchen und den Teigkreis in 8 Tortenstücke einschneiden. Das Blech in den Ofen (Mitte) schieben und die Scones in 10 Min. goldbraun backen. Dann herausnehmen und auskühlen lassen.

TIPP

Pur schmecken die Scones besonders Liebhabern von knusprigem Gebäck. Alle anderen bestreichen sie einfach mit Chia-Himbeer-Konfitüre (s. S. 29).

ROSINEN-SCHNECKEN

Für 16 Stück

Zubereitungszeit: 35 Min.
(ohne Trockenpflaumenpüree)
Ruhezeit: 30 Min.
Backzeit: 30 Min.
Pro Stück: 285 kcal,
7 g E, 11 g F, 37 g KH

Für den Teig

90 g Süßkartoffel
150 ml Haferdrink (ungesüßt)
Salz
21 g frische Hefe (½ Würfel)
400 g Vollkorn-Dinkelmehl
2 EL weiche Butter
1 EL Kokosblütensirup
1 Ei (M)

Für die Füllung und die Glasur

3 EL Kokosöl
120 g Trockenpflaumen-püree (s. S. 28)
2 EL Mandelmus (s. S. 32)
80 g Rosinen
1 EL Kokosblütenzucker
1 TL Zimtpulver
2 EL Butter
2 EL Kokosblütensirup

Außerdem

Springform (18 cm Ø)
Fett für die Form
Mehl zum Arbeiten

1. Für den Teig Süßkartoffel schälen, grob würfeln und in wenig Wasser bei mittlerer Hitze in 15 Min. gar kochen. Abgießen und mit Haferdrink und 1 Prise Salz in einem Hochleistungsmixer zu einer glatten Masse pürieren. Das Püree in den Topf geben und leicht erwärmen. Hefe hineinbröckeln und unter Rühren darin auflösen.

2. Mehl, Butter, Kokosblütenzucker, Ei und Süßkartoffel-püree in eine Schüssel geben. Mit den Knethaken des Handrührgeräts zu einem Teig verkneten. Abgedeckt an einem warmen Ort ca. 30 Min. ruhen lassen.

3. Den Backofen auf 175° vorheizen, die Springform ein-fetten. Für die Füllung das Kokosöl erwärmen, bis es flüssig ist. Mit Trockenpflaumenpüree, Mandelmus, Rosinen, Kokosblütenzucker und ½ TL Zimt verrühren.

4. Den Teig auf einer leicht bemehlten Arbeitsfläche zu zwei Rechtecken (à 30 × 22 cm) ausrollen. Die Füllung darauf verteilen, dabei rundherum einen kleinen Rand frei lassen. Die Teigrechtecke von der Längsseite her aufrollen. Jede Rolle in 8 Scheiben schneiden und diese mit den Schnittflächen nach oben in die Form setzen. Im Ofen (Mitte) in 30 Min. goldbraun backen, bei Bedarf nach 20 Min. mit Alufolie abdecken. Heraus-nehmen, kurz abkühlen lassen und aus der Form lösen.

5. Für die Glasur die Butter schmelzen und mit dem Kokosblütensirup und dem übrigen Zimt verrühren. Die noch warmen Rosinenschnecken mit der Glasur bestreichen, dann auskühlen lassen.

MÜSLIRIEGEL

Für 12 Stück

Zubereitungszeit: 20 Min.
Backzeit: 25 Min.
Pro Stück: 215 kcal,
4 g E, 12 g F, 21 g KH

60 g Kokosöl · 1 Bio-Zitrone
75 g getrocknete Sauer-
kirschen (ungesüßt)
150 g Feinblatt-Haferflocken
4 EL Vollkorn-Reismehl (ersatzweise Vollkorn-Dinkelmehl)
Salz · 6 EL Kokosraspel
2 EL Hanfsamen
½ TL Weinstein-Backpulver
1 Msp. gemahlene Vanille
2 vollreife Bananen
60 ml Haferdrink (ungesüßt)

Außerdem

Brownieform (25 × 15 cm)
Fett für die Form

1. Den Backofen auf 175° vorheizen, die Form einfetten. Das Kokosöl erwärmen, bis es flüssig ist. Die Zitrone heiß waschen und abtrocknen, Schale fein abreiben. Die Sauerkirschen grob hacken. Kirschen und Zitronenschale mit Haferflocken, Reismehl, 1 Prise Salz, Kokosraspeln, Hanfsamen, Backpulver und Vanille mischen.

2. Bananen schälen, grob würfeln und in einer Schüssel mit einer Gabel zu Mus zerdrücken. Haferdrink, Öl und die Mehlmischung dazugeben und alles mit den Rührbesen des Handrührgeräts zu einem Teig verrühren.

3. Teig in die Form füllen, glatt streichen und im Ofen (Mitte) 25 Min. backen. Dann herausnehmen, abkühlen lassen und in 12 gleich große Riegel schneiden.

TIPP

Cranberrys (mit Fruchtsaft gesüßt) statt der Kirschen verwenden, die Hanfsamen durch Kürbiskerne ersetzen.

CHILI-BROWNIES

Für 9 Stück

Zubereitungszeit: 15 Min.
(ohne Trockenpflaumenpüree
und Glasur)
Backzeit: 25 Min.
Pro Stück: 375 kcal,
11 g E, 32 g F, 11 g KH

5 Eier (M) · Salz
200 g Trockenpflaumen-
püree (s. S. 28)
1 Msp. gemahlene Vanille
50 g Kakaopulver
200 g gemahlene Mandeln
2 EL Chilipulver
150 g dunkle Schokoglasur
(s. Klappe hinten)
½ rote Chilischote

Außerdem

Brownieform (25 × 15 cm)
Fett für die Form

1. Den Backofen auf 175° vorheizen, die Form einfetten. Die Eier trennen. Die Eiweiße mit 1 Prise Salz steif schlagen. Das Trockenpflaumenpüree mit Eigelben, Vanille und Kakaopulver in eine Schüssel geben und mit einem Pürierstab mixen. Ein Drittel des Eischnees unterheben, den restlichen Eischnee im Wechsel mit den gemahlenen Mandeln vorsichtig unterheben.

2. Teig in die Form füllen, glatt streichen und im Ofen (Mitte) 25 Min. backen. Dann herausnehmen, abkühlen lassen und in 9 gleich große Brownies schneiden.

3. Chilipulver unter die Schokoglasur rühren. Von der Chilischote die Kerne entfernen, die Chili waschen und in feine Streifen schneiden. Den Schokoguss auf den Brownies verteilen und mit den Chilistreifen dekorieren, im Kühlschrank fest werden lassen.

ERDNUSS-SCHOKO-PRALINEN

Für 6 Stück

Zubereitungszeit: 25 Min.
Tiefkühlzeit: 15 Min.
Pro Stück: 180 kcal,
4 g E, 17 g F, 3 g KH

Für die Schokoschicht

4 EL Kokosmus (s. S. 34)
1 EL Kokosöl
1 EL Kakaopulver
½ TL Kokosblütenzucker

Für die Erdnussschicht

1 EL Kokosöl
2 EL Erdnussmus
1 TL Reissirup
1 Msp. gemahlene Vanille

Außerdem

6 Pralinenförmchen
(à 3 cm Ø)

1. Für die Schokoschicht das Kokosmus mit Kokosöl, Kakaopulver und Kokosblütenzucker in einer Schüssel mit den Rührbesen des Handrührgeräts verrühren.

2. Für die Erdnussschicht das Kokosöl erwärmen, bis es flüssig ist. Mit Erdnussmus, Reissirup und Vanille in eine Schüssel geben und ebenfalls verrühren.

3. Die Pralinenförmchen jeweils zu einem Drittel mit etwas Schokomasse füllen und 5 Min. ins Tiefkühlfach stellen, bis die Masse fest ist. Dann die Erdnussmasse auf der Schokomasse verteilen und ebenfalls 5 Min. tiefkühlen. Zum Schluss noch die übrige Schokomasse auf der Erdnussschicht verteilen.

4. Erdnuss-Schoko-Pralinen mind. 5 Min. ins Tiefkühlfach stellen, bevor sie serviert werden. Zum Aufbewahren im Kühlschrank oder im Tiefkühlfach lagern und kurz vor dem Verzehr herausholen. Haltbarkeit: ca. 1 Woche (im Kühlschrank), mehrere Monate (im Tiefkühlfach).

SCHOKO-DONUTS MIT KROKANT

Für 6 Stück

Zubereitungszeit: 15 Min.
(ohne Auskühlzeit und
ohne Garnitur)
Backzeit: 25 Min.
Pro Stück: 260 kcal,
6 g E, 15 g F, 26 g KH

Für den Teig

1 Dose Kidneybohnen
(150 g Abtropfgewicht, ungesüßt)
170 ml Haferdrink (ungesüßt)
2 EL Kokosblütenzucker
2 EL Kakaopulver
60 g Vollkorn-Dinkelmehl
1 TL Weinstein-Backpulver
1 Msp. gemahlene Vanille

Für die Garnitur

60 g dunkle Schokoglasur
(s. Klappe hinten)
3 EL Buchweizenkrokant
(s. Klappe hinten)

Außerdem

6er-Donutform
Fett für die Form

1. Den Backofen auf 175° vorheizen, die Form einfetten. Für den Teig die Kidneybohnen in ein Sieb geben, abbrausen und gut abtropfen lassen. Mit dem Haferdrink, dem Kokosblütenzucker und dem Kakaopulver in einem Hochleistungsmixer oder mit dem Pürierstab zu einer glatten Masse verarbeiten.

2. Die Bohnenmasse in eine Schüssel füllen. Das Mehl mit Backpulver und Vanille mischen und zur Bohnenmasse geben. Alles mit den Rührbesen des Handrührgeräts zu einem Teig verrühren. Den Teig in den Mulden der Donutform verteilen.

3. Die Form in den Ofen (Mitte) schieben und die Donuts 25 Min. backen. Dann herausnehmen, kurz abkühlen lassen und aus der Form lösen. Auskühlen lassen.

4. Für die Garnitur die Donuts mit der Schokoglasur bestreichen, den Buchweizenkrokant darüberstreuen. Im Kühlschrank fest werden lassen.

BANANA BREAD CAKE POPS

Für 15 Stück

Zubereitungszeit: 15 Min.
(ohne Auskühlzeit und
ohne Trockenpflaumenpüree
und Glasur)
Backzeit: 20 Min.
Pro Stück: 135 kcal,
2 g E, 9 g F, 11 g KH

1 ½ vollreife kleine Bananen
(ohne Schale ca. 170 g)
1 ½ EL Kokosöl
50 g Walnusskerne
150 g Vollkorn-Dinkelmehl
½ EL Weinstein-Backpulver
¼ TL Zimtpulver
1 Msp. gemahlene Vanille
Salz
2 EL Trockenpflaumenpüree
(s. S. 28)
100 g dunkle Schokoglasur
(s. Klappe hinten)

Außerdem

Brownieform (25 × 15 cm)
15 Cake-Pop-Stiele

1. Den Backofen auf 175° vorheizen. Die Brownieform mit Backpapier auslegen. Die Bananen schälen, grob würfeln und mit dem Pürierstab fein pürieren. Das Kokosöl erwärmen, bis es flüssig ist, und unter das Bananenmus rühren. Die Walnusskerne klein hacken.

2. Mehl mit Backpulver, Zimt, Vanille und 1 Prise Salz in einer Schüssel mischen. Das Bananenmus und das Trockenpflaumenpüree dazugeben und alles mit den Knethaken des Handrührgeräts zu einem glatten Teig verrühren. Die Walnüsse untermischen.

3. Den Teig in der Form verteilen und glatt streichen. Im Ofen (Mitte) 20 Min. backen, herausnehmen und auskühlen lassen. Dann den Kuchenboden grob zerbröseln und zu 15 Kugeln zusammendrücken und formen. In jede Kugel 1 Cake-Pop-Stiel drücken.

4. Die Cake Pops in die Schokoglasur tauchen und dann zum Abtropfen auf Backpapier legen. Im Kühlschrank fest werden lassen.

BANANA BREAD

Dafür einfach die doppelte Menge Teig zubereiten. Eine Kastenform (26 cm lang) mit Backpapier auslegen oder einfetten, Teig hineingeben und glatt streichen. Im 175° heißen Ofen (Mitte) 40 Min. backen. Dabei nach ca. 15 Min. mit Alufolie oder einem ofenfesten Teller abdecken, damit das Brot nicht zu dunkel wird.

NICECREAM SANDWICHES

Für 4 Stück

Zubereitungszeit: 20 Min.
Backzeit: 6 Min.
Tiefkühlzeit: 8 Std.
Pro Stück: 420 kcal,
12 g E, 11 g F, 67 g KH

Für die Nicecream

2 Bananen (ohne Schale
ca. 200 g)
1 Handvoll Minzeblättchen
1 TL Zitronensaft
50 ml Mandeldrink (s. S. 33)
2 EL Kakao-Nibs

Für die Cookies

160 g Vollkorn-Dinkelmehl
4 EL Kakaopulver
4 EL Kokosblütenzucker
1 TL Backpulver
120 g Apfelmark (s. S. 27)

Außerdem

Mehl zum Arbeiten
Servierring (7 cm Ø)

1. Für die Nicecream Bananen schälen und in 1 cm dicke Scheiben schneiden. Bananenscheiben in eine Gefrierbox füllen und mind. 4 Std. in das Tiefkühlfach stellen.

2. Dann die Bananenscheiben aus dem Tiefkühlfach nehmen. Den Backofen auf 175° vorheizen. Ein Backblech mit Backpapier auslegen. Für die Cookies das Mehl mit Kakao, Kokosblütenzucker und Backpulver in einer Schüssel mischen. Das Apfelmark dazugeben und alles mit den Händen zu einem glatten Teig verkneten.

3. Den Teig auf der bemehlten Arbeitsfläche ½ cm dick ausrollen. Mit dem Servierring 8 Kreise aus dem Teig ausstechen, auf das Blech legen und im Ofen (Mitte) 6 Min. backen. Herausnehmen und auskühlen lassen.

4. Inzwischen die Nicecream zubereiten. Minzeblättchen abbrausen und trocken tupfen. Mit Bananen, Zitronensaft und Mandeldrink in einem Hochleistungsmixer zu Nicecream verarbeiten. Die Kakao-Nibs unterrühren.

5. Die Nicecream auf 4 Cookies verteilen, jeweils ein zweites Cookie darauflegen und leicht andrücken. Die Sandwiches im Tiefkühlfach in mind. 4 Std. fest werden lassen. 15–30 Min. vor dem Verzehr aus dem Tiefkühlfach holen und antauen lassen.

TIPP

Für ein intensiveres Grün der Nicecream einfach noch 1 EL Matcha-Pulver dazugeben und mit pürieren.

ZIMT-ZUPFBROT

Für 1 Brot (ca. 16 Stücke)

Zubereitungszeit: 35 Min.
Ruhezeit: 1 Std. 30 Min.
Backzeit: 30 Min.
Pro Stück: 125 kcal,
4 g E, 4 g F, 19 g KH

300 ml Haferdrink (ungesüßt)
21 g frische Hefe (½ Würfel)
3 ½ EL Kokosöl
2 EL Kokosblütenzucker
50 g Teffmehl (ersatzweise
Vollkorn-Dinkelmehl)
120 g Vollkorn-Weizenmehl
200 g Vollkorn-Dinkelmehl
Salz
1 ½ TL Zimtpulver

Außerdem

Kastenform (26 cm lang)
Fett für die Form
Mehl zum Arbeiten

1. Den Haferdrink leicht erwärmen. Hefe hineinbröckeln, 2 EL Kokosöl dazugeben und unter Rühren auflösen. Dann 1 EL Kokosblütenzucker und Teffmehl einrühren.

2. Vollkorn-Weizenmehl, Vollkorn-Dinkelmehl, 1 Prise Salz und ½ TL Zimt in einer Schüssel mischen. Hefeansatz dazugeben und alles mit den Knethaken des Handrührgeräts verkneten, bis ein glatter Teig entstanden ist. Abgedeckt an einem warmen Ort 1 Std. gehen lassen.

3. Übriges Kokosöl (1 ½ EL) erwärmen, bis es flüssig ist. Restlichen Kokosblütenzucker (1 EL) und Zimt (1 TL) mischen. Die Form einfetten.

4. Teig auf einer dick bemehlten Arbeitsfläche nochmals durchkneten, dann zu einem Rechteck (ca. 30 × 30 cm) ausrollen. Mit dem flüssigen Kokosöl bestreichen und mit der Kokosblütenzucker-Zimt-Mischung bestreuen.

5. Den Teig in gleich große Quadrate (ein wenig kleiner als die Form) schneiden, dann in vier bis fünf Stapeln aufeinanderlegen. Diese Stapel nebeneinander in die Form setzen – mit den Schnittkanten nach oben. Die Form muss nur locker gefüllt sein, da der Teig noch aufgeht. Abgedeckt weitere 30 Min. gehen lassen.

6. Backofen auf 175° vorheizen. Die Form in den Ofen (Mitte) schieben und das Zupfbrot in ca. 30 Min. goldbraun und knusprig backen. Herausnehmen und kurz stehen lassen, dann das Zupfbrot aus der Form stürzen und abkühlen lassen. Möglichst noch lauwarm im Ganzen servieren, sodass sich jeder sein eigenes Stück abzupfen kann. Dazu passt: Chia-Himbeer-Konfitüre (s. S. 29) oder Mandel- oder Nussmus (s. S. 32).

AVOCADOKUCHEN MIT PISTAZIEN

Für 1 Kuchen (16 Stücke)

Zubereitungszeit: 20 Min.
Backzeit: 1 Std.
Pro Stück: 245 kcal,
5 g E, 16 g F, 21 g KH

Für den Teig

60 g Pistazienkerne
1 Bio-Limette
250 g Vollkorn-Weizenmehl
100 g Vollkorn-Reismehl
(ersatzweise Vollkorn-Weizen-mehl)
4 EL Johannisbrotkernmehl
2 EL Weinstein-Backpulver
2 vollreife Avocados (Hass, à ca. 150 g)
100 g weiche Butter
Salz · 5 EL Reissirup
60 g Kokosmilch (s. S. 34)

Für das Frosting

3 EL Pistazienkerne
1 EL Kokosöl · 2 EL Reissirup
3 EL Cashew-Mus
1 TL Matcha-Teepulver
2 TL Limettensaft (von der Limette für den Teig)

Außerdem

Kastenform (26 cm lang)
Fett für die Form

1. Den Backofen auf 175° vorheizen, die Form einfetten. Für den Teig die Pistazien in einem Hochleistungsmixer fein mahlen. Limette heiß waschen und abtrocknen, die Schale fein abreiben und den Saft auspressen (2 TL für das Frosting zur Seite stellen). Pistazien und Limetten-schale mit allen Mehlsorten und Backpulver mischen.

2. Die Avocados halbieren und entkernen. Das Frucht-fleisch mit einem Esslöffel aus der Schale lösen, grob würfeln und mit einer Gabel zu Mus zerdrücken.

3. Das Avocadomus mit Butter, 1 Prise Salz und Reissirup mit den Rührbesen des Handrührgeräts cremig rühren. Dann die Mehlmischung und abwechselnd Kokosmilch und Limettensaft unter die Avocadocreme rühren.

4. Den Teig in die Form füllen und glatt streichen. Im Ofen (Mitte) 1 Std. backen. Dann herausnehmen, auskühlen lassen und aus der Form lösen.

5. Für das Frosting die Pistazienkerne nach Belieben grob oder fein hacken. Kokosöl erwärmen, bis es flüssig ist. Mit Reissirup, Cashew-Mus, Matcha-Teepulver und Limettensaft verrühren. Den Kuchen mit dem Frosting bestreichen und die Pistazien darüberstreuen.

QUICK & EASY

ZUCCHINI-SCHOKO-KUCHEN

Für 1 Kuchen (15 Stücke)

Zubereitungszeit: 15 Min.
Backzeit: 40 Min.
Pro Stück: 70 kcal,
2 g E, 2 g F, 10 g KH

1 Glas Sauerkirschen
(ca. 195 g Abtropfgewicht,
ungesüßt)
1 ½ vollreife kleine Bananen
(ohne Schale ca. 150 g)
120 g Zucchini
90 g Vollkorn Dinkelmehl
100 g gemahlene Erdmandeln
1 TL Weinstein-Backpulver
3 EL Kakaopulver
1 EL Carobpulver (nach
Belieben)
70 ml Mandeldrink (s. S. 33)
1 Msp. gemahlene Vanille

Außerdem

Kastenform (26 cm lang)
Fett für die Form

1. Den Backofen auf 175° vorheizen, die Form einfetten. Die Kirschen in ein Sieb gießen und abtropfen lassen. Bananen schälen, grob würfeln und in einer Schüssel mit der Gabel zu Mus zerdrücken. Zucchini waschen, putzen und auf einer Küchenreibe fein raspeln.

2. Die Zucchiniraspel unter das Bananenmus rühren. Das Dinkelmehl mit Erdmandeln, Backpulver, Kakao, eventuell Carob, Mandeldrink und Vanille mischen und zur Bananen-Zucchini-Mischung geben. Alles mit den Rührbesen des Handrührgeräts zu einem glatten Teig verrühren. Die Kirschen vorsichtig unterheben.

3. Den Teig in die Form füllen und im Ofen (Mitte) 40 Min. backen. Den Kuchen herausnehmen, abkühlen lassen und aus der Form lösen.

ZWETSCHGEN-KUCHEN

Für 1 Kuchen (12 Stücke)

Zubereitungszeit: 20 Min.
Ruhezeit: 30 Min.
Backzeit: 30 Min.
Pro Stück: 135 kcal,
4 g E, 4 g F, 20 g KH

150 ml Haferdrink (ungesüßt)
21 g frische Hefe (½ Würfel)
250 g Vollkorn-Weizenmehl
2 EL weiche Butter
1 Ei (M) · Salz · ½ TL Zimtpulver
800 g Zwetschgen (ersatzweise Pflaumen)

Außerdem

Springform (26 cm Ø)
Fett für die Form

1. Den Haferdrink leicht erwärmen, Hefe hineinbröckeln und unter Rühren darin auflösen. Das Mehl mit Butter, Ei, 1 Prise Salz und dem Zimt mit den Knethaken des Handrührgeräts zu einem glatten, aber klebrigen Teig verarbeiten, dabei nach und nach den Hefe-Haferdrink dazugießen. Den Teig abgedeckt an einem warmen Ort ca. 30 Min. gehen lassen.

2. Den Backofen auf 175° vorheizen, die Form einfetten. Die Zwetschgen waschen, halbieren und entsteinen. Teig nochmals durchkneten, dann in die Form drücken und die Zwetschgen darauf verteilen.

3. Die Form in den Ofen (Mitte) schieben und den Zwetschgenkuchen ca. 30 Min. backen. Dann herausnehmen, abkühlen lassen und aus der Form lösen. Dazu schmeckt Kokossahne (s. Klappe hinten).

STACHELBEER-STREUSELKUCHEN

Für 1 Kuchen (8 Stücke)

Zubereitungszeit: 20 Min.
Backzeit: 40 Min.
Pro Stück: 340 kcal,
9 g E, 19 g F, 32 g KH

Für den Belag und die Streusel

350 g Stachelbeeren
50 g gemahlene Mandeln
2 ½ EL Vollkorn-Dinkelmehl
2 EL weiche Butter
2 EL Kokosblütenzucker
1 Msp. gemahlene Vanille

Für den Teig

2 Eier (M)
50 g weiche Butter
100 g Vollkorn-Dinkelmehl
50 g Vollkorn-Kamutmehl
(ersatzweise Vollkorn-Dinkelmehl)
50 g gemahlene Mandeln
3 EL Kokosblütenzucker
1 Msp. gemahlene Vanille
Salz
1 TL Weinstein-Backpulver
200 g Buttermilch

Außerdem

Springform (18 cm Ø)
Fett für die Form

1. Den Backofen auf 175° vorheizen, die Form einfetten. Für den Belag die Stachelbeeren waschen und putzen. Für die Streusel Mandeln, Mehl, Butter, Kokosblütenzucker und Vanille in einer Schüssel mischen und mit den Fingern zu Streuseln verarbeiten. Kalt stellen.

2. Für den Teig die Eier in einer Schüssel mit den Rührbesen des Handrührgeräts schlagen, bis sie eine cremige Konsistenz haben. Die Butter unterrühren.

3. Beide Mehlsorten mit Mandeln, Kokosblütenzucker, Vanille, 1 Prise Salz und Backpulver in einer zweiten Schüssel mischen. Die Buttermilch und die Eiermasse abwechselnd dazugeben und gut unterrühren, bis ein glatter Teig entstanden ist.

4. Den Teig in die Form füllen, glatt streichen und die Stachelbeeren gleichmäßig darauf verteilen. Die Streusel darüberstreuen. Den Kuchen im Ofen (Mitte) 40 Min. backen. Dann herausnehmen, abkühlen lassen und aus der Form lösen.

TIPP

Wer mag, kann statt der gemahlenen Mandeln auch Erdmandeln verwenden. Erdmandeln, auch bekannt als Chufas, enthalten etwa dreimal so viele Ballaststoffe wie Vollkorngetreide und sättigen lang anhaltend.

KIRSCH-QUARK-KUCHEN

Für 1 Kuchen (12 Stücke)

Zubereitungszeit: 30 Min.
Ruhezeit: 40 Min.
Backzeit: 40 Min.
Pro Stück: 275 kcal,
10 g E, 11 g F, 30 g KH

Für den Teig

125 ml Haferdrink (ungesüßt)
21 g frische Hefe (½ Würfel)
250 g Vollkorn-Dinkelmehl
1 EL Kokosblütenzucker
Salz

Für den Belag

1 Glas Sauerkirschen
(ca. 400 g Abtropfgewicht,
ungesüßt)
500 g Quark (40 % Fett i. Tr.)
1 EL Zitronensaft
1 Msp. gemahlene Vanille
1 Ei (M)

Für die Streusel

50 g Vollkorn-Dinkelmehl
50 g Feinblatt-Haferflocken
60 g weiche Butter
1 EL Kokosblütenzucker

Außerdem

Springform (26 cm Ø)
Fett für die Form
Mehl zum Arbeiten

1. Für den Teig den Haferdrink leicht erwärmen, Hefe hineinbröckeln und unter Rühren darin auflösen. Mehl, Kokosblütenzucker und 1 Prise Salz in einer Schüssel mischen, Hefe-Haferdrink dazugießen. Alles mit den Knethaken des Handrührgeräts zu einem glatten Teig verarbeiten. Abgedeckt an einem warmen Ort 30 Min. gehen lassen, bis sich das Teigvolumen verdoppelt hat.

2. Die Form einfetten. Teig auf einer bemehlten Arbeitsfläche noch einmal durchkneten, dann etwas größer als die Form ausrollen. Die Form mit dem Teig auslegen, dabei einen 3 cm hohen Rand formen. Den Teig erneut ca. 10 Min. abgedeckt ruhen lassen.

3. Den Backofen auf 175° vorheizen. Für den Belag die Kirschen in einem Sieb abtropfen lassen. Den Quark mit Zitronensaft, Vanille und Ei in eine Schüssel geben und mit den Rührbesen des Handrührgeräts verrühren. Quarkmasse auf den Teig geben und glatt streichen, die Kirschen darauf verteilen.

4. Für die Streusel Mehl, Haferflocken, Butter und Kokosblütenzucker in einer Schüssel mischen und mit den Fingern zu Streuseln verarbeiten. Die Streusel auf dem Kirsch-Quark-Kuchen verteilen.

5. Die Form in den Ofen (Mitte) schieben und den Kuchen 40 Min. backen. Dann herausnehmen, abkühlen lassen und aus der Form lösen.

APPLE CRUMBLE MIT NICECREAM

Für 2 Portionen

Zubereitungszeit: 20 Min.
Backzeit: 25 Min.
Tiefkühlzeit: 4 Std.
Pro Portion: 880 kcal,
20 g E, 40 g F, 104 g KH

Für die Nicecream

2 vollreife Bananen
(ohne Schale ca. 200 g)
2 EL weißes Mandelmus
50 ml Mandeldrink (s. S. 33)
½ TL Zimtpulver

Für den Crumble

2 säuerliche Äpfel (z. B. Elstar
oder Boskop)
2 ½ EL Butter
8 EL Feinblatt-Haferflocken
5 EL Vollkorn-Dinkelmehl
1 EL Kokosblütensirup
½ TL Zimtpulver

Außerdem

Auflaufform (20 × 15 cm)
Fett für die Form

1. Für die Nicecream Bananen schälen und in 1 cm dicke Scheiben schneiden. Bananenscheiben in eine Gefrierbox füllen und mind. 4 Std. in das Tiefkühlfach stellen.

2. Dann den Backofen auf 175° vorheizen, die Auflaufform einfetten. Für den Crumble die Äpfel waschen, vierteln, entkernen und in grobe Würfel schneiden. Die Butter in kleinen Flöckchen mit Haferflocken, Mehl, Kokosblütensirup und Zimt mit den Knethaken des Handrührgeräts zu Streuseln verarbeiten.

3. Die Äpfel in die Form geben und die Streusel darauf verteilen. Den Crumble im Ofen (Mitte) ca. 25 Min. backen, bis die Streusel goldbraun und knusprig sind.

4. Gegen Ende der Backzeit die Bananenscheiben mit dem Mandelmus, dem Mandeldrink und dem Zimt in einem Hochleistungsmixer zu Nicecream verarbeiten. Sofort mit dem Crumble servieren.

APFELKUCHEN MIT MARZIPAN

Für 1 Kuchen (12 Stücke)

Zubereitungszeit: 15 Min.
(ohne Marzipan)
Backzeit: 40 Min.
Pro Stück: 240 kcal,
7 g E, 14 g F, 21 g KH

2 säuerliche Äpfel (z. B. Elstar
oder Boskop)
60 g Marzipan (s. S. 31)
75 g Feinblatt-Haferflocken
100 g weiche Butter
150 g Apfelmark (s. S. 27)
2 EL Reissirup
4 Eier (M)
175 g Vollkorn-Dinkelmehl
1 EL Weinstein-Backpulver
Salz
2 EL Milch (bei Bedarf)
50 g Mandelblättchen

Außerdem

Springform (26 cm Ø)
Fett für die Form

1. Den Backofen auf 175° vorheizen, die Form einfetten. Die Äpfel waschen, vierteln, entkernen und in nicht zu kleine Stücke schneiden. Das Marzipan möglichst klein würfeln oder fein hacken. Die Haferflocken in einem Hochleistungsmixer zu Mehl mahlen.

2. Butter, Apfelmark und Reissirup in eine Schüssel geben und mit den Rührbesen des Handrührgeräts verrühren. Dann nach und nach die Eier unterrühren.

3. Dinkelmehl, Hafermehl, Backpulver und 1 Prise Salz mischen und zur Butter-Apfelmark-Masse geben. Alles zu einem Teig verrühren, dabei bei Bedarf noch die Milch dazugeben. Äpfel und Marzipan unterrühren.

4. Den Teig in die Form füllen, glatt streichen und im Ofen (Mitte) 35 Min. backen. Dann den Kuchen mit den Mandelblättchen bestreuen und weitere 3–5 Min. backen. Herausnehmen, kurz abkühlen lassen und aus der Form lösen.

TIPP

Statt mit Äpfeln schmeckt dieser saftige Kuchen auch mit Rhabarber sehr gut. Dafür 2–3 Stangen Rhabarber waschen und putzen. Falls nötig, die »zähe« Haut von sehr dicken Stangen mit einem kleinen Messer vom Stangenende her abziehen. Die Stangen in 1 cm dicke Stücke schneiden und unter den Teig rühren.

APFEL-GALETTE MIT KARAMELL

Für 4 Portionen

Zubereitungszeit: 30 Min.
(ohne Karamell)
Backzeit: 25 Min.
Pro Portion: 485 kcal,
11 g E, 27 g F, 48 g KH

Für den Teig

200 g Vollkorn-Dinkelmehl
½ TL Weinstein-Backpulver
2 EL gemahlene Mandeln
(ersatzweise gemahlene
Haselnusskerne)
1 EL Kokosblütenzucker
Salz
60 g Kokosöl
100 ml Haferdrink (ungesüßt)

Für die Füllung und das Topping

1 großer säuerlicher Apfel
(z. B. Elstar oder Boskop)
1 TL Zimtpulver
2 EL Walnusskerne
2 EL Karamell mit Fleur de Sel
(s. S. 30)

1. Den Backofen auf 175° vorheizen. Ein Backblech mit Backpapier auslegen. Für den Teig Dinkelmehl mit Backpulver, gemahlenen Mandeln, Kokosblütenzucker und 1 Prise Salz in einer Schüssel mischen.

2. Kokosöl erwärmen, bis es flüssig ist, und mit dem Haferdrink zur Mehlmischung geben. Alles mit den Rührbesen des Handrührgeräts verrühren. Wenn der Teig zu flüssig ist, noch etwas Mehl hinzufügen. Den Teig auf dem Backblech zu einem ca. 1 cm dicken Kreis (28 cm Ø) ausrollen.

3. Für die Füllung den Apfel waschen, vierteln, entkernen und in dünne Spalten schneiden. Zimt darüberstäuben, Apfelspalten durchmischen und in der Mitte des Teigkreises verteilen, dabei rundum einen ca. 3 cm breiten Rand frei lassen. Dann den Rand Stück für Stück über die Füllung klappen und leicht andrücken. Im Ofen (Mitte) 25 Min. backen. Die Walnusskerne fein hacken.

4. Die Galette aus dem Ofen nehmen. Als Topping das Karamell mit einem Löffel darüberlaufen lassen und die Walnüsse darüberstreuen. Zum Servieren die Galette vierteln und auf Teller setzen.

TIPP

Zur Jahreszeit passend lässt sich die Galette auch mit klein geschnittenen Pflaumen oder Pfirsichen, Stachelbeeren oder Heidelbeeren bestücken (jeweils 250 g).

MANDELKUCHEN MIT APRIKOSEN

Für 1 Kuchen (16 Stücke)

Zubereitungszeit: 15 Min.
Backzeit: 1 Std.
Pro Stück: 180 kcal,
6 g E, 12 g F, 11 g KH

½ Bio-Zitrone
120 g Apfelmark (s. S. 27)
200 ml Mandeldrink (s. S. 33)
2 Eier (M)
50 g weiche Butter
2 EL Kokosblütenzucker
1 Msp. gemahlene Vanille
Salz
150 g Vollkorn-Dinkelmehl
1 EL Weinstein-Backpulver
200 g gemahlene Mandeln
150 g Aprikosen
2 EL Mandelblättchen

Außerdem

Kastenform (26 cm lang)
Fett für die Form

1. Den Backofen auf 175° vorheizen, die Form einfetten. Die Zitrone heiß waschen und abtrocknen, die Schale fein abreiben und den Saft auspressen. Beides mit Apfelmark und Mandeldrink in eine Schüssel geben und mit den Rührbesen des Handrührgeräts verrühren.

2. Eier, Butter, Kokosblütenzucker, Vanille und 1 Prise Salz dazugeben und unterrühren. Das Dinkelmehl mit Backpulver und gemahlenen Mandeln mischen, dazugeben und alles zu einem Teig verrühren.

3. Den Teig in die Form geben und glatt streichen. Die Aprikosen waschen, halbieren und entkernen. Die Aprikosenhälften mit den Schnittflächen nach unten auf dem Teig verteilen und leicht eindrücken.

4. Die Form in den Ofen (Mitte) schieben und den Kuchen 55 Min. backen. Dann die Mandelblättchen darüberstreuen und den Mandelkuchen in weiteren 5 Min. fertig backen. Herausnehmen, kurz abkühlen lassen und aus der Form lösen.

⌐ TIPP ⌐

Anstatt des Apfelmarks kann man den Teig auch mit Bananenmus zubereiten. Dafür 1 vollreife Banane schälen, grob würfeln und mit einer Gabel zu Mus (es sollten ca. 120 g sein) zerdrücken.

QUINOAKUCHEN

Für 1 Kuchen (8 Stücke)

Zubereitungszeit: 15 Min.
Kochzeit: 15 Min.
Backzeit: 35 Min.
Pro Stück: 265 kcal,
6 g E, 18 g F, 21 g KH

75 g Quinoa
50 g gemahlene Mandeln
100 g Vollkorn-Dinkelmehl
2 ½ EL Kokosblütenzucker
1 Msp. gemahlene Vanille
1 ½ TL Weinstein-Backpulver
Salz · 60 g Kokosöl
50 g weißes Mandelmus
250 ml Mandeldrink (s. S. 33)
200 g gemischtes Obst
(z. B. Aprikosen, Pflaumen,
Kirschen, Heidelbeeren)

Außerdem

Springform (18 cm Ø)
Fett für die Form

1. In einem Hochleistungsmixer 50 g Quinoa zu Mehl mahlen. Übrige Quinoa in einem Sieb abbrausen und mit 150 ml Wasser in einen Topf geben. Aufkochen und die Quinoa in 15 Min. bei mittlerer Hitze gar köcheln lassen, dann abgießen. Backofen auf 175° vorheizen, die Form einfetten.

2. Gekochte Quinoa mit Quinoamehl, Mandeln, Dinkelmehl, Kokosblütenzucker, Vanille, Backpulver und 1 Prise Salz in einer Schüssel mit den Rührbesen des Handruhrgeräts verrühren. Kokosöl erwärmen, bis es flüssig ist, mit dem Mandelmus und Mandeldrink zur Quinoamasse geben und unterrühren.

3. Den Teig in die Form geben und glatt streichen. Das Obst waschen, bei Bedarf entkernen, klein schneiden. Die Obstmischung auf dem Teig verteilen und leicht eindrücken. Den Kuchen im Ofen (Mitte) ca. 35 Min. backen. Dann herausnehmen, kurz abkühlen lassen und aus der Form lösen.

ERDBEER-KÄSEKUCHEN

Für 1 Kuchen (12 Stücke)

Zubereitungszeit: 25 Min.
(ohne Auskühlzeit)
Kühlzeit: 2 Std.
Pro Portion: 290 kcal,
4 g E, 23 g F, 16 g KH

Für den Boden

100 g Kokosöl
150 g Feinblatt-Haferflocken
1 ½ EL Speisestärke
2 EL Kokosblütenzucker

Für den Belag

600 g Erdbeeren
1 TL Agar-Agar · 200 g Sahne
350 g Frischkäse

Außerdem

Springform (18 cm Ø)
Fett für die Form

1. Den Boden der Form mit Backpapier auslegen, Ränder einfetten. Für den Kuchenboden Kokosöl erwärmen, bis es flüssig ist. Haferflocken in einem Hochleistungs-mixer zu Mehl mahlen. Beides mit Stärke und Kokos-blütenzucker in eine Schüssel geben, verrühren. Die Mischung auf den Formboden drücken, kalt stellen.

2. Für den Belag die Erdbeeren waschen und putzen. Ein paar Beeren für die Deko beiseitelegen, Rest im Mixer pürieren. Püree in einem Topf aufkochen, Agar-Agar einrühren. Püree 3 Min. köcheln, auskühlen lassen.

3. Sahne steif schlagen und den Frischkäse unterrühren, 4 EL Erdbeerpüree unterheben. Die Käsesahne auf dem Kuchenboden verteilen, darüber das restliche Erdbeerpüree geben und glatt streichen. Die beiseite-gelegten Erdbeeren halbieren oder in dünne Scheiben schneiden und den Kuchen damit garnieren. Den Kuchen im Kühlschrank in 2 Std. fest werden lassen.

MANGO-KOKOS-TORTE

Für 1 Kuchen (12 Stücke)

Zubereitungszeit: 40 Min.
Kühlzeit: 4 Std.
Pro Stück: 380 kcal,
5 g E, 28 g F, 25 g KH

Für den Boden

200 g Pekannusskerne
300 g Datteln (entsteint)
1 EL Kokosöl
2 EL Kakaopulver
1 EL Carobpulver (nach Belieben)

Für die Creme

200 g Kokosraspel
2 EL Kokosmus (s. S. 34)
1 Msp. gemahlene Vanille
1 EL Limettensaft

Für den Fruchtspiegel

1 vollreife Mango
1 EL Limettensaft
1 EL Agar-Agar

Für das Topping

1 EL Kokosöl
1 TL Salz
4 EL Popcorn-Mais

Außerdem

1 Springform (18 cm Ø)
Fett für die Form

1. Den Boden der Form mit Backpapier auslegen, die Ränder einfetten. Für den Boden Pekannusskerne, Datteln, Kokosöl, Kakaopulver und eventuell Carobpulver in einem Hochleistungsmixer pürieren. Die Mischung in der Form verteilen und mit einem großen Löffel auf den Boden drücken. Kalt stellen.

2. Für die Creme Kokosraspel, Kokosmus, Vanille und Limettensaft mit 600 ml Wasser im Mixer zu einer cremigen Masse pürieren. Die Kokoscreme auf dem Tortenboden verstreichen.

3. Für den Fruchtspiegel die Mango schälen und das Fruchtfleisch in groben Stücken vom Stein schneiden. Mit 100 ml Wasser und dem Limettensaft im Mixer ebenfalls zu einer cremigen Masse pürieren. Die Mangocreme in einem kleinen Topf aufkochen, Agar-Agar unterrühren und 1 Min. kochen lassen. Topf vom Herd nehmen und die Mangocreme abkühlen lassen.

4. Die Mangocreme auf der Kokoscreme verteilen und glatt streichen. Die Mango-Kokos-Torte in mind. 4 Std. im Kühlschrank fest werden lassen.

5. Für das Topping das Kokosöl in einem großen Topf stark erhitzen, das Salz einrühren, den Herd ausstellen. Den Mais in den Topf geben und den Topf sofort mit dem Deckel schließen. Jetzt warten, bis die Maiskörner aufgepoppt sind, dabei den Topf immer wieder mal durchrütteln. Die Torte mit dem Popcorn toppen.

CRÊPES-TORTE MIT HIMBEEREN

Für 1 Torte (8 Stücke)

Zubereitungszeit: 30 Min.
Pro Stück: 480 kcal,
9 g E, 39 g F, 21 g KH

Für die Crêpes

6 EL Butter
150 g Vollkorn-Dinkelmehl
Salz
2 EL Kakaopulver
1 EL Lucumapulver
300 ml Milch
100 g Sahne
2 Eier (M)

Für die Füllung und die Garnitur

250 g Himbeeren
250 g Mascarpone
1 EL Zitronensaft
100 g Sahne
2 EL Kakao-Nibs

1. Für die Crêpes 3 EL Butter schmelzen. Das Vollkorn-Dinkelmehl mit 1 Prise Salz und dem Kakao- und Lucumapulver vermischen.

2. Milch und Sahne in einer Schüssel mit dem Schneebesen verquirlen, die Eier nach und nach unterrühren. Dann die Mehlmischung und die geschmolzene Butter dazugeben und alles langsam zu einem Teig verrühren. Kurz quellen lassen, bis die Füllung fertig ist.

3. Die Himbeeren verlesen und nur falls nötig vorsichtig waschen und trocken tupfen. Für die Füllung die Hälfte der Himbeeren mit Mascarpone und Zitronensaft in eine Schüssel geben und mit einem Pürierstab fein pürieren. Die Sahne steif schlagen und unterheben.

4. In einer beschichteten Pfanne nacheinander 6 dünne Crêpes backen: Je ½ TL Butter schmelzen, 1 kleine Schöpfkelle Teig dazugeben und durch Schwenken der Pfanne gleichmäßig dünn darin verteilen. Crêpe bei mittlerer Hitze ca. 2 Min. backen, bis die Unterseite goldbraun ist. Wenden und auch die zweite Seite in ca. 2 Min. bräunen. Die Crêpe auf einen Teller gleiten lassen. Aus dem übrigen Teig weitere 5 Crêpes backen.

5. Auf eine Tortenplatte 1 Crêpe legen und ein Sechstel der Füllung darauf verteilen. Auf diese Weise nach und nach alle Crêpes und die Füllung daraufschichten. Die Crêpes-Torte mit den restlichen Himbeeren und den Kakao-Nibs garnieren.

SCHWARZWÄLDER KIRSCHTORTE

Für 1 Torte (8 Stücke)

Zubereitungszeit: 45 Min.
(ohne Auskühlzeit)
Backzeit: 10 Min. (pro Boden)
Kühlzeit: 2 Std.
Pro Stück: 400 kcal,
13 g E, 25 g F, 30 g KH

Für den Teig

3 Eier (M) · 3 ½ EL Kokosöl
80 ml Haferdrink (ungesüßt)
1 EL Dattelpaste (s. S. 26,
ersatzweise Dattelsirup)
160 g Vollkorn-Dinkelmehl
50 g gemahlene Mandeln
4 EL Kakaopulver · Salz
1 ½ EL Weinstein-Backpulver

**Für die Füllung
und die Garnitur**

250 g Joghurt
125 g Quark (20 % Fett i. Tr.)
4 EL Reissirup
1 Msp. gemahlene Vanille
100 ml Milch
1 Pck. Agar-Agar (6 g)
75 g Sahne
1 Glas Sauerkirschen
(195 g Abtropfgewicht)
4 EL Kakao-Nibs

Außerdem

Springform (18 cm Ø)
Fett für die Form

1. Den Backofen auf 175° vorheizen, die Form einfetten. Für den Teig die Eier trennen. Eiweiße steif schlagen. Das Kokosöl erwärmen, bis es flüssig ist, und mit Eigelben, Haferdrink und Dattelpaste verrühren.

2. Das Mehl mit gemahlenen Mandeln, Kakaopulver, 1 Prise Salz und Backpulver in einer Schüssel mischen. Die Haferdrinkmischung dazugießen und alles mit den Rührbesen des Handrührgeräts zu einem glatten Teig verrühren. Den Eischnee unterheben.

3. Den Teig dritteln. Nacheinander jede Teigportion in die Form füllen und im Ofen (Mitte) 8–10 Min. backen, herausnehmen, abkühlen lassen, aus der Form lösen.

4. Für die Füllung Joghurt, Quark, Reissirup und Vanille verrühren. Die Milch in einem kleinen Topf aufkochen, Agar-Agar unterrühren, 1 Min. köcheln lassen. Dann die Joghurt-Quark-Mischung nach und nach dazugeben und unterrühren. Sahne steif schlagen und unterheben. Die Kirschen in einem Sieb abtropfen lassen (ein paar Kirschen für die Garnitur zur Seite legen) und mit 2 EL Kakao-Nibs unter die Füllung heben.

5. Einen Tortenboden wieder in die Form legen, ein Drittel der Füllung darauf verteilen. Zweiten Boden darauflegen und das zweite Drittel der Füllung darauf verteilen. Mit dem letzten Boden und der übrigen Füllung abschließen. Torte mit den beiseitegelegten Kirschen und restlichen Nibs garnieren, mind. 2 Std. kalt stellen. Kurz vor dem Servieren aus der Form lösen.

SACHERTORTE

Für 1 Torte (8 Stücke)

Zubereitungszeit: 45 Min.
Backzeit: 40 Min.
Kühlzeit: 20 Min.
Pro Stück: 590 kcal,
13 g E, 43 g F, 36 g KH

Für den Teig

250 g Vollkorn-Dinkelmehl
2 ½ EL Weinstein-Backpulver
60 g Mandelmus (s. S. 32)
2 EL Kakaopulver
1 EL Carobpulver (nach
Belieben)
3 Eier (M)
4 EL Reissirup
1 Msp. gemahlene Vanille
1 EL Zitronensaft
125 g Sahne
180 g weiche Butter

Für die Konfitüre

200 g Aprikosen (ersatzweise
ungezuckerte Dosen-Aprikosen,
dann entfällt das Kochen)
2 EL weiße Chia-Samen
1 Msp. gemahlene Vanille

Für die Glasur

50 g Kokosöl
4 EL Kakaopulver
3 EL Reissirup

Außerdem

Springform (18 cm Ø)
Fett für die Form

1. Den Backofen auf 175° vorheizen, die Form einfetten. Für den Teig Dinkelmehl und Backpulver mischen. Das Mandelmus mit dem Kakaopulver und eventuell dem Carobpulver verrühren.

2. Die Eier trennen. Die Eiweiße steif schlagen. Die Eigelbe mit Reissirup, Vanille, Zitronensaft, Sahne und Butter mit den Rührbesen des Handrührgeräts cremig rühren. Nun zuerst die Mehlmischung dazugeben und unterrühren, dann die Kakaocreme. Zum Schluss den Eischnee vorsichtig unterheben. Den Teig in der Form verteilen und im Ofen (Mitte) 40 Min. backen. Dann herausnehmen, abkühlen lassen, aus der Form lösen.

3. Inzwischen für die Konfitüre die Aprikosen waschen, vierteln, entsteinen. Mit 50 ml Wasser in einen Topf geben und bei mittlerer Hitze zugedeckt ca. 10 Min. köcheln lassen, bis sie eingefallen sind. Dabei eventuell noch etwas Wasser nachgießen. Die Aprikosen kurz abkühlen lassen, dann die Chia-Samen und Vanille unterrühren und alles mit einem Pürierstab fein zerkleinern.

4. Den Kuchen waagerecht in 3 gleich hohe Böden schneiden und nebeneinander auf die Arbeitsfläche legen. Den unteren und den mittleren Kuchenboden gleichmäßig mit der Aprikosenkonfitüre bestreichen und die Böden wieder übereinanderstapeln.

5. Für die Glasur das Kokosöl erwärmen, bis es flüssig ist, dann mit Kakaopulver und Reissirup verrühren. Die Schokoglasur über die Torte gießen und nach Belieben mit einer Palette oder einem Löffel gleichmäßig verteilen. Die Sachertorte ca. 20 Min. in den Kühlschrank stellen, bis die Glasur fest geworden ist.

KUCHEN & TORTEN 105

GLUTENFREI

TOMATEN-KÄSE-COOKIES

Für 16 Stück

Zubereitungszeit: 25 Min.
Backzeit: 25 Min. (pro Blech)
Pro Stück: 65 kcal,
5 g E, 2 g F, 7 g KH

350 g frische Tomaten
6 leicht gesalzene, getrocknete Soft-Tomaten (ca. 20 g)
400 g Hüttenkäse
2 Eier (M)
1 TL getrockneter Thymian
Salz · Pfeffer
120 g Vollkorn-Buchweizenmehl

1. Den Backofen auf 180° vorheizen. Ein Backblech mit
   Backpapier auslegen, einen zweiten Backpapierbogen
   bereitlegen. Die frischen Tomaten waschen und in
   kleine Würfel schneiden, dabei die Strünke entfernen.
   Die getrockneten Tomaten ebenfalls klein würfeln.

2. Alle Tomatenwürfel mit Hüttenkäse, Eiern, Thymian
   und je 1 Prise Salz und Pfeffer in eine Schüssel geben.
   Mit einer Gabel vermischen. Das Buchweizenmehl
   dazugeben und alles zu einem Teig verrühren.

3. Den Teig in kleinen Häufchen (je 2 EL) auf das Backblech und das vorbereitete Backpapier verteilen und
   zu Kreisen (à ca. 8 cm Ø) verstreichen. Die Cookies
   nacheinander im Ofen (Mitte) 25 Min. backen, herausnehmen und auskühlen lassen.

SALZIGES GRANOLA MIT KRÄUTERN

Für 10 Portionen

Zubereitungszeit: 30 Min.
Pro Portion: 165 kcal,
4 g E, 13 g F, 9 g KH

2 EL Kürbiskerne
2 EL Sonnenblumenkerne
100 g Buchweizen
60 ml Olivenöl
2 EL mittelscharfer Senf
(ungesüßt)
12 leicht gesalzene, getrocknete Soft-Tomaten (ca. 40 g)
4 EL Sesam
1 EL getrockneter Thymian
1 EL getrockneter Oregano
1 EL getrockneter Rosmarin

1. Den Backofen auf 175° vorheizen. Ein Backblech mit Backpapier auslegen. Kürbiskerne klein hacken und mit Sonnenblumenkernen, Buchweizen, Öl und Senf verrühren. Granola auf dem Blech verteilen und im Ofen (Mitte) 12 Min. backen, dabei nach 6 Min. wenden.

2. Inzwischen getrocknete Tomaten fein hacken und mit dem Sesam vermischen. In einer beschichteten Pfanne bei mittlerer Hitze 2–3 Min. rösten, dabei ab und zu umrühren. Aus der Pfanne nehmen, abkühlen lassen und Thymian, Oregano und Rosmarin untermischen.

3. Ausgekühltes Granola mit Tomaten-Mix vermischen, in ein Schraubglas oder einen Vorratsbehälter füllen und gut verschließen. Haltbarkeit: ca. 3 Monate. Passt perfekt zu Suppen, Salaten oder herzhaftem Joghurt.

DINKEL-LAUGEN-DONUTS

Für 6 Stück

Zubereitungszeit: 20 Min.
Ruhezeit: 20 Min.
Backzeit: 20 Min.
Pro Stück: 170 kcal,
7 g E, 4 g F, 27 g KH

Für den Teig

250 g Vollkorn-Dinkelmehl
Salz
21 g frische Hefe (½ Würfel)
1 TL Kokosöl
2 EL Natron

Zum Bestreuen

grobes (Meer-)Salz, Sesam,
Kürbiskerne oder Sonnen-
blumenkerne (nach Belieben)

Außerdem

6er-Donutform
Fett für die Form

1. In einer Schüssel das Mehl mit 1 Prise Salz mischen. In die Mitte eine kleine Mulde drücken. Die Hefe in 125 ml lauwarmes Wasser bröckeln und darin auflösen. Hefewasser und Kokosöl in die Mulde geben. Alles mit den Knethaken des Handrührgeräts zu einem glatten Teig verarbeiten. Abgedeckt an einem warmen Ort ca. 20 Min. gehen lassen.

2. Den Backofen auf 200° vorheizen. In einem großen weiten Topf ca. 1 l Wasser aufkochen, das Natron dazugeben, die Herdplatte ausschalten.

3. Die Mulden der Donutform einfetten. Den Teig sechs-teln und zu Donuts formen: Jedes Teigstück zu einer kleinen Rolle formen, in eine Mulde der Form drücken und wieder herausnehmen.

4. Jetzt die Donuts 1–2 Min. im heißen, aber nicht mehr kochenden Natronwasser baden. Dann mit einem Schaumlöffel herausheben, abtropfen lassen und in die Mulden der Form setzen. Die Donuts mit grobem (Meer-)Salz, Sesam, Kürbis- oder Sonnenblumenkernen bestreuen. Im Ofen (Mitte) ca. 20 Min. backen. Heraus-nehmen, kurz abkühlen lassen und aus der Form lösen.

TIPP

Statt Donuts kommen Brötchen auf den Tisch: Dafür die Teigportionen zu Kugeln formen, kreuzweise ein-schneiden, im Laugenwasser baden und dann auf dem Backblech im 200° heißen Ofen (Mitte) 20 Min. backen.

QUICK & EASY

WALNUSS-BRÖTCHEN-MUFFINS

Für 12 Stück

Zubereitungszeit: 15 Min.
Ruhezeit: 20 Min.
Backzeit: 30 Min.
Pro Stück: 190 kcal,
7 g F, 5 g F, 27 g KH

50 g getrocknete Tomaten
50 g Walnusskerne
2 EL Apfelessig
30 g frische Hefe (¾ Würfel)
480 g Vollkorn-Dinkelmehl
Salz · 2 EL Brotgewürz

Außerdem

12er-Muffinform
Fett für die Form

1. Tomaten und Walnüsse fein hacken. 480 ml lauwarmes Wasser und den Essig in eine Schüssel gießen. Hefe hineinbröckeln und unter Rühren im Wasser auflösen.

2. Dinkelmehl, ½ TL Salz und das Brotgewürz sowie die Tomaten und Walnusskerne in die Schüssel geben. Alles mit den Knethaken des Handrührgeräts zu einem glatten Teig verkneten. Den Teig abgedeckt an einem warmen Ort ca. 20 Min. gehen lassen.

3. Den Backofen auf 200° vorheizen. Die Mulden der Muffinform einfetten. Den Teig nochmals durchkneten, in 12 Portionen teilen und in die Mulden der Muffinform setzen. Im Ofen (Mitte) in ca. 30 Min. goldbraun backen. Dann herausnehmen, kurz abkühlen lassen und aus der Form lösen.

BUCHWEIZENBROT

**Für 1 Brot
(ca. 15 Scheiben)**

Zubereitungszeit: 10 Min.
Backzeit: 50 Min.
Pro Scheibe: 195 kcal,
7 g E, 7 g F, 25 g KH

200 g Teffmehl (ersatzweise
Vollkorn-Buchweizenmehl)
300 g Vollkorn-Buchweizenmehl
130 g Sonnenblumenkerne
50 g Kürbiskerne
Salz · 1 EL Brotgewürz
1 Pck. Trockenhefe
2 EL Apfelessig

Außerdem

Kastenform (26 cm lang)
Fett und Mehl für die Form

1. Beide Mehlsorten mit 100 g Sonnenblumenkernen,
   Kürbiskernen, ½ TL Salz, Brotgewürz und Trockenhefe
   in einer Schüssel mischen. 500 ml lauwarmes Wasser
   und den Essig dazugeben und alles mit den Knethaken
   des Handrührgeräts zu einem glatten Teig verarbeiten.

2. Die Form einfetten und mit Mehl ausstäuben (oder die
   Form mit Backpapier auslegen), den Teig hineingeben
   und mit den übrigen Sonnenblumenkernen bestreuen.
   Die Form in den kalten Backofen (Mitte) stellen und
   den Ofen auf 200° erhitzen. Das Brot 50 Min. backen.
   Dann das Brot aus dem Ofen nehmen, abkühlen lassen
   und aus der Kastenform stürzen.

TIPP

Das Brot ist ca. 1 Woche haltbar. Wer mag, kann es
aber natürlich auch in Scheiben geschnitten oder am
Stück einfrieren und dann bei Bedarf auftauen.

ZWIEBELKUCHEN-MUFFINS

Für 12 Stück

Zubereitungszeit: 20 Min.
Ruhezeit: 30 Min.
Backzeit: 35 Min.
Pro Stück: 225 kcal,
4 g E, 16 g F, 15 g KH

Für den Teig

21 g frische Hefe (½ Würfel)
240 g Vollkorn-Dinkelmehl
Salz
3 EL weiche Butter

Für die Füllung

1 rote Zwiebel
2 EL Olivenöl
Salz · Pfeffer
300 g Crème fraîche (ersatzweise Schmand)
2 EL Milch
1 EL getrockneter Thymian

Außerdem

12er-Muffinform
Fett für die Form
Mehl zum Arbeiten

1. Für den Teig 180 ml lauwarmes Wasser in eine Schüssel gießen. Die Hefe hineinbröckeln und unter Rühren im Wasser auflösen. Dinkelmehl und 1 TL Salz mischen und mit der Butter in die Schüssel geben. Alles mit den Knethaken des Handrührgeräts zu einem glatten Teig verkneten. Den Teig abgedeckt an einem warmen Ort ca. 20 Min. gehen lassen.

2. Für die Füllung die Zwiebel schälen und in dünne Spalten schneiden. In einer Pfanne das Öl erhitzen. Darin die Zwiebel bei mittlerer Hitze in 2–3 Min. glasig dünsten. Mit Salz und Pfeffer würzen.

3. Crème fraîche und Milch verrühren und mit Salz und Pfeffer würzen. Die Zwiebel und den Thymian unter-mengen. Die Mulden der Muffinform einfetten.

4. Den Teig auf einer bemehlten Arbeitsfläche und mit bemehlten Händen nochmals durchkneten. Dann den Teig in 12 Portionen teilen, zu Kugeln formen und in die Mulden der Muffinform drucken. Den Teig abge-deckt weitere 10 Min. gehen lassen. Den Backofen auf 200° vorheizen.

5. Jede Teigportion in der Form nochmals eindrücken und 1 EL Zwiebelfüllung darauf verteilen. Die Form in den Ofen (Mitte) schieben und die Muffins in ca. 35 Min. goldbraun backen. Dann herausnehmen, kurz abkühlen lassen und aus der Form lösen.

FALAFEL-WAFFELN MIT MINZECREME

Für 4 Stück

Zubereitungszeit: 15 Min.
Backzeit: 4 Min. (pro Backdurchgang)
Pro Stück: 305 kcal,
11 g E, 17 g F, 27 g KH

Für die Waffeln

½ Bund Koriandergrün
(ersatzweise Petersilie)
1 Zwiebel
2 Knoblauchzehen
160 g Kichererbsenmehl
½ TL Backpulver
1 ½ TL Zitronensaft
1 Msp. gemahlener Kreuz-
kümmel
Salz · Pfeffer

Für die Minzecreme

1 Bund Minze
250 g Kokosjoghurt
(ungesüßt, ersatzweise
griechischer Joghurt)
1 EL Limettensaft
Salz · Pfeffer

Außerdem

Waffeleisen für belgische
Waffeln
Fett für das Waffeleisen

1. Für die Waffeln 260 ml Wasser in einem Topf zum Kochen bringen, dann vom Herd nehmen. Koriander abbrausen und trocken schütteln, Blättchen abzupfen und grob hacken. Zwiebel schälen und fein würfeln. Knoblauch schälen und durch die Presse drücken.

2. Alle vorbereiteten Zutaten (bis auf das Wasser) mit Kichererbsenmehl, Backpulver, Zitronensaft, Kreuz-kümmel, ½ TL Salz und etwas Pfeffer in eine Schüssel geben. Jetzt das heiße Wasser dazugießen und alles mit den Rührbesen des Handrührgeräts zu einem Teig verrühren.

3. Das Waffeleisen nach Gebrauchsanweisung erhitzen und einfetten. Aus dem Teig 4 goldbraune Waffeln backen – je nach Modell und Größe des Waffeleisens die Waffeln portionsweise oder auf einmal backen. Jeder Backdurchgang dauert 3–4 Min.

4. Zwischendurch für die Creme die Minze abbrausen und trocken schütteln, Blättchen abzupfen und fein hacken. Mit Kokosjoghurt und Limettensaft verrühren. Mit Salz und Pfeffer würzen. Zu den Waffeln servieren.

GEMÜSETARTE

Der Aufwand lohnt sich – die Tarte mit den
bunten Gemüsespiralen beeindruckt jeden Gast und ist das
perfekte Party-Mitbringsel!

Für 1 Tarte (8 Stücke)

Zubereitungszeit: 1 Std.
Backzeit: 40 Min.
Pro Stück: 210 kcal,
6 g E, 10 g F, 23 g KH

Für den Boden

600 ml Gemüsebrühe
200 g Polenta (Maisgrieß)
1 Eigelb (M)
1 EL edelsüßes Paprika-
pulver
1 EL frisch geriebene
Muskatnuss
Salz · Pfeffer

Für den Belag

3 kleine Zucchini
Salz
5 kleine Möhren
2 Knoblauchzehen
½ Bund Basilikum
200 g Schmand
2 Eier (M)
1 Eiweiß (M)
1 EL Zitronensaft
Pfeffer

Außerdem

Tarteform (28 cm Ø)
Fett für die Form

1. Für den Tarteboden die Gemüsebrühe aufkochen, den Maisgrieß einrühren und die Polenta offen ca. 10 Min. bei kleiner Hitze quellen lassen.

2. Inzwischen für den Belag die Zucchini waschen, putzen und der Länge nach in 3 mm dicke Scheiben schneiden. Mit wenig Salz bestreuen und kurz Wasser ziehen lassen. Die Möhren schälen und ebenfalls in dünne Längsscheiben schneiden. Den Knoblauch schälen und durch die Presse drücken. Die Basilikumblättchen von den Stängeln zupfen.

3. Den Backofen auf 170° vorheizen, die Tarteform einfetten. Die Polenta mit dem Eigelb verkneten und mit Paprikapulver, Muskat, 1 Prise Salz und Pfeffer würzen. Die Polenta auf den Boden der Form drücken.

4. Den Schmand mit Basilikum und Knoblauch mit dem Pürierstab pürieren. Eier, Eiweiß und den Zitronensaft unterrühren. Mit Salz und Pfeffer abschmecken. Die Basilikumcreme auf dem Polentaboden verteilen. Die Zucchini- und Möhrenscheiben so kreisförmig in die Creme drücken, dass die Ränder nach oben zeigen.

5. Die Form in den Ofen (Mitte) schieben und die Tarte in 40 Min. goldbraun backen. Dann herausnehmen, kurz abkühlen lassen und servieren.

QUICK & EASY

VANILLEKIPFERL

Für ca. 25 Stück

Zubereitungszeit: 15 Min.
Backzeit: 15 Min.
Pro Stück: 65 kcal,
1 g E, 3 g F, 8 g KH

50 g Kokosöl
120 g Vollkorn-Dinkelmehl
50 g gemahlene Mandeln
2 EL Kokosblütenzucker
Salz
1 TL gemahlene Vanille
50 ml Milch (ersatzweise
ungesüßter Haferdrink)
5 EL Reissüße

Außerdem

Mehl zum Arbeiten

1. Den Backofen auf 160° vorheizen. Ein Backblech mit Backpapier auslegen. Das Kokosöl erwärmen, bis es flüssig ist. Das Dinkelmehl mit gemahlenen Mandeln, Kokosblütenzucker, 1 Prise Salz und Vanille in einer Schüssel mischen. Milch und Kokosöl dazugeben und alles mit den Knethaken des Handrührgeräts zu einem Teig verarbeiten.

2. Den Teig auf einer bemehlten Arbeitsfläche nochmals durchkneten und zu einer dicken Rolle (ca. 3 cm Ø) formen. Die Teigrolle in ca. 25 Scheiben schneiden, diese zu Strängen rollen, die am Ende spitz zulaufen. Auf das Blech legen und zu Hörnchen formen.

3. Das Blech in den Ofen (Mitte) schieben und die Kipferl 15 Min. backen. Dann herausnehmen und noch heiß in der Reissüße wälzen, auskühlen lassen.

AUSSTECHKEKSE

Für ca. 25 Stück

Zubereitungszeit: 15 Min.
Backzeit: 15 Min.
Pro Stück: 120 kcal,
2 g E, 7 g F, 11 g KH

125 g Kokosöl (ersatzweise
Butter)
100 g Reissirup
200 g Vollkorn-Dinkelmehl
100 g gemahlene Mandeln
½ TL Lebkuchengewürz
Reissüße zum Bestäuben

Außerdem

Mehl zum Arbeiten
beliebige Ausstechformen
(à 4–5 cm Ø)

1. Den Backofen auf 175° vorheizen. Ein Backblech mit Backpapier auslegen. Das Kokosöl erwärmen, bis es flüssig ist, dann den Reissirup unterrühren.

2. Das Dinkelmehl mit gemahlenen Mandeln und dem Lebkuchengewürz in einer Schüssel mischen. Die Kokosöl-Reissirup-Mischung dazugeben und alles mit den Knethaken des Handrührgeräts zu einem glatten Teig verarbeiten.

3. Teig auf einer bemehlten Arbeitsfläche durchkneten und ca. ½ cm dick ausrollen. Mit den Ausstechformen Kekse aus dem Teig ausstechen (z. B. Tannenbäume, Engel oder Elche) und auf das Blech legen. Im Ofen (Mitte) 12–15 Min. backen. Herausnehmen und auskühlen lassen, dann mit Reissüße bestäuben.

ZIMTSTERNE MIT KOKOSGLASUR

Für ca. 40 Stück

Zubereitungszeit: 20 Min.
Quellzeit: 10 Min.
Backzeit: 12 Min. (pro Blech)
Pro Stück: 65 kcal,
1 g E, 5 g F, 4 g KH

Für den Teig

1 EL Chia-Samen
200 g gemahlene Mandeln
150 g gemahlene Erdmandeln
60 g Reismehl
3 EL Kokosblütenzucker
Salz
1 EL Zimtpulver
100 ml Haferdrink (ungesüßt)
1 EL Reissirup

Für die Glasur

4 EL Kokosmus (s. S. 34)
1 EL Kakaobutter
½ EL Kokosöl

Außerdem

Mehl zum Arbeiten
Sternausstecher (6–7 cm)

1. Für den Teig einen Ei-Ersatz zubereiten. Dafür die Chia-Samen in einen Hochleistungsmixer geben und fein mahlen, dann mit 3 EL Wasser verrühren und ca. 10 Min. quellen lassen.

2. Die Mandeln mit Erdmandeln, Reismehl, Kokosblüten- zucker, 1 Prise Salz und Zimt in einer Schüssel mischen. Haferdrink, Reissirup und Chia-Ei dazugeben. Alles mit den Knethaken des Handrührgeräts verkneten.

3. Den Backofen auf 160° vorheizen. Ein Backblech mit Backpapier auslegen, einen zweiten Backpapierbogen bereitlegen. Den Teig auf einer bemehlten Arbeits- fläche mit den Händen durchkneten, dann ½ cm dick ausrollen und Sterne ausstechen. Die Sterne auf das Backblech und das vorbereitete Backpapier verteilen. Nacheinander im Ofen (Mitte) 10–12 Min. backen, herausnehmen und auskühlen lassen.

4. Für die Glasur Kokosmus, Kakaobutter und Kokosöl in einem kleinen Topf bei kleiner Hitze erwärmen und verrühren. Noch warm auf die Sterne streichen, fest werden lassen. Zum Aufbewahren die Zimtsterne in eine luftdicht verschließbare Dose geben.

TIPP

Wer mag, kann die gemahlenen Erdmandeln auch durch gemahlene Mandeln ersetzen. Und statt des Reis- mehls lässt sich wunderbar Hafermehl oder Vollkorn- Dinkelmehl verwenden.

SPITZBUBEN

Für ca. 15 Stück

Zubereitungszeit: 40 Min.
Kühlzeit: 1 Std.
Backzeit: 10 Min.
Pro Stück: 100 kcal,
3 g E, 5 g F, 10 g KH

Für den Teig

1 EL Chia-Samen
100 g Feinblatt-Haferflocken
50 g Kokosöl
2 EL Kokosblütenzucker
50 g Mandelmus (s. S. 32)
50 ml Haferdrink (ungesüßt)
1 Msp. gemahlene Vanille
60 g Vollkorn-Dinkelmehl
3 EL gemahlene Erdmandeln
50 g gemahlene Mandeln
1 TL Weinstein-Backpulver
Salz

Für die Füllung

150 g Himbeeren (ersatzweise
aufgetaute TK-Himbeeren)
1 TL Agar-Agar

Außerdem

Mehl zum Arbeiten
Blumenausstecher (ca. 4 cm Ø)
Herzausstecher (ca. 1 cm Ø)
Reissüße zum Bestäuben

1. Für den Teig einen Ei-Ersatz zubereiten. Dafür die Chia-Samen in einen Hochleistungsmixer geben und fein mahlen, dann mit 3 EL Wasser verrühren und ca. 10 Min. quellen lassen. Die Haferflocken in dem Mixer zu Mehl mahlen.

2. Kokosöl erwärmen, bis es flüssig ist. Mit Kokosblütenzucker, Mandelmus, Haferdrink, Chia-Ei und Vanille in eine Schüssel geben und alles mit den Rührbesen des Handrührgeräts verrühren. Hafermehl, Dinkelmehl, Erdmandeln, Mandeln, Backpulver und 1 Prise Salz dazugeben und alles zu einem glatten Teig verrühren. Abgedeckt ca. 1 Std. in den Kühlschrank stellen.

3. Den Backofen auf 175° vorheizen. Ein Backblech mit Backpapier auslegen. Den Teig auf einer bemehlten Arbeitsfläche kurz durchkneten, dann ½ cm dick ausrollen und ca. 30 große Blumen ausstechen. Die Teigblumen auf das Blech legen. Aus der Hälfte der Blumen ein kleines Herz ausstechen. Die Kekse im Ofen (Mitte) 10 Min. backen. Herausnehmen und auskühlen lassen.

4. Inzwischen für die Füllung die Himbeeren verlesen und nur falls nötig abbrausen und trocken tupfen. Mit 2 EL Wasser in einem Topf aufkochen lassen, bis sie zerfallen. Das Agar-Agar unterrühren und ca. 3 Min. köcheln lassen, Topf vom Herd nehmen.

5. Die heiße Himbeerkonfitüre auf den ganzen Keksen verstreichen. Die Kekse mit den ausgestochenen Herzen darauflegen und leicht andrücken. Spitzbuben auskühlen lassen, dann mit Reissüße bestäuben.

QUICK & EASY

MAGENBROT

Für 20 Stück

Zubereitungszeit: 15 Min.
Backzeit: 15 Min.
Pro Stück: 115 kcal,
3 g E, 5 g F, 14 g KH

Für den Teig

4 EL Haselnusskerne
1 Ei (M) · 60 g weiche Butter
100 g Apfelmark (s. S. 27)
2 EL Kokosblütenzucker
250 g Vollkorn-Dinkelmehl
40 g gemahlene Erdmandeln
1 EL Weinstein-Backpulver
2 EL Kakaopulver
1 EL Lebkuchengewürz

Für die Garnitur

2 EL Zitronensaft
2 EL Kokosblütenzucker
2 EL getrocknete Cranberrys
(mit Apfel- oder Ananassaft
gesüßt)

Außerdem

Brownieform (25 × 15 cm)

1. Den Backofen auf 175° vorheizen. Die Brownieform mit Backpapier auskleiden. Für den Teig die Haselnüsse in einer Pfanne leicht anrösten, dann klein hacken.

2. Ei, Butter, Apfelmark und Kokosblütenzucker in eine Schüssel geben und mit den Rührbesen des Handrührgeräts verrühren. Mehl, Erdmandeln, Backpulver, Kakao, Lebkuchengewürz und die Nüsse dazugeben und alles mit den Knethaken des Handrührgeräts zu einem Teig verkneten.

3. Den Teig in die Form geben und glatt drücken. Im Ofen (Mitte) ca. 15 Min. backen, herausnehmen und abkühlen lassen. Dann für die Garnitur Zitronensaft und Kokosblütenzucker zu einem Guss verrühren. Das Magenbrot in 20 gleich große Stücke schneiden, mit dem Guss bestreichen und den Cranberrys dekorieren.

TIPP

Wer dem Magenbrot ein wenig mehr fruchtige Süße verleihen mag, gibt noch 1 EL Lucumapulver zum Teig.

GEWÜRZKUCHEN

Für 1 Kuchen (15 Stücke)

Zubereitungszeit: 20 Min.
(ohne Trockenpflaumenpüree)
Backzeit: 55 Min.
Pro Stück: 210 kcal,
6 g E, 13 g F, 17 g KH

250 g Vollkorn-Dinkelmehl
50 g Kokosmehl (ersatzweise
Vollkorn-Dinkelmehl)
100 g gemahlene Walnuss-
kerne
3 TL Weinstein-Backpulver
5 EL Kakaopulver
350 ml Haferdrink (ungesüßt)
80 g Trockenpflaumenpüree
(s. S. 28)
80 g Kokosöl
1 EL Lebkuchengewürz
1 EL Kokosblütensirup

Außerdem

Kastenform (26 cm lang)
Fett für die Form

1. Den Backofen auf 175° vorheizen, die Form einfetten. Beide Mehlsorten mit gemahlenen Walnusskernen, Backpulver und 2 EL Kakao in einer Schüssel mischen. Haferdrink und Trockenpflaumenpüree dazugeben und alles mit den Rührbesen des Handrührgeräts verrühren.

2. Den Teig in die Form füllen und glatt streichen. Den Kuchen im Ofen (Mitte) 55 Min. backen. Dann herausnehmen, kurz abkühlen lassen und aus der Form lösen.

3. Kokosöl erwärmen, bis es flüssig ist, und mit restlichem Kakaopulver (3 EL), mit Lebkuchengewürz und Kokosblütensirup zu einem Guss verrühren. Den warmen Gewürzkuchen damit bestreichen, auskühlen lassen.

TIPP

Der Gewürzkuchen kann nach Geschmack auch noch verziert werden, beispielsweise mit Bio-Zitronen- oder Orangenschalenzesten oder rosa Pfefferbeeren. Einfach auf den noch feuchten Guss streuen.

OSTERZOPF

Für 1 Zopf (16 Stücke)

Zubereitungszeit: 35 Min.
Ruhezeit: 1 Std. 15 Min.
Backzeit: 25 Min.
Pro Stück: 175 kcal,
5 g E, 5 g F, 26 g KH

Für den Teig

150 ml Haferdrink (ungesüßt)
100 g Apfelmark (s. S. 27)
50 g Kokosöl
1 Pck. Trockenhefe
500 g Vollkorn-Dinkelmehl
1 EL Johannisbrotkernmehl
3 geh. EL Kokosblütenzucker
Salz
100 ml Mineralwasser
(mit Kohlensäure)

**Zum Bestreichen
und Bestreuen**

2 EL Haferdrink (ungesüßt)
2 EL Apfelmark (s. oben)
2 EL Mandelblättchen

Außerdem

Mehl zum Arbeiten

1. Für den Teig Haferdrink mit Apfelmark und Kokosöl in einen kleinen Topf geben und bei kleiner Hitze ganz leicht erwärmen. Hefe dazustreuen und unterrühren.

2. Das Vollkorn-Dinkelmehl mit Johannisbrotkernmehl, Kokosblütenzucker und 1 Prise Salz in einer Schüssel mischen. Hefeansatz dazugeben und alles mit den Knethaken des Handrührgeräts in 5 Min. zu einem glatten, aber leicht klebrigen Teig verkneten, dabei nach und nach das Mineralwasser dazugießen. Den Teig zugedeckt an einem warmen Ort 1 Std. gehen lassen, bis sich sein Volumen verdoppelt hat.

3. Dann ein Backblech mit Backpapier auslegen. Hefeteig auf einer bemehlten Arbeitsfläche mit angefeuchteten Händen nochmals durchkneten und dritteln. Jede Teig-portion zu einem ca. 30 cm langen Strang formen.

4. Die Teigstränge nebeneinander auf das Blech legen und am oberen Ende zusammendrücken. Die Stränge zu einem Zopf flechten und auch das untere Ende zusammendrücken. Den Hefezopf 15 Min. abgedeckt gehen lassen. Den Backofen auf 175° vorheizen.

5. Den Hefezopf mit 1 EL Haferdrink bestreichen und das Blech in den Ofen (Mitte) schieben. Den Zopf ca. 25 Min. backen, herausnehmen. Den restlichen Haferdrink (1 EL) mit dem Apfelmark verrühren. Den Hefezopf damit bestreichen und mit Mandelblättchen bestreuen. Auskühlen lassen.

QUARKHASEN

QUICK & EASY

Für 6 Stück

Zubereitungszeit: 15 Min.
Backzeit: 20 Min.
Pro Stück: 285 kcal,
9 g E, 12 g F, 34 g KH

60 g Kokosöl
100 g Magerquark
6 EL Milch · 1 Ei (M)
2 EL Kokosblütenzucker
1 Msp. gemahlene Vanille
200 g Vollkorn-Dinkelmehl
1 EL Weinstein-Backpulver
Salz
Reissüße zum Bestäuben
(nach Belieben)

Außerdem

Mehl zum Arbeiten
Hasenausstechform (13 cm Ø)

1. Den Backofen auf 175° vorheizen. Ein Backblech mit Backpapier auslegen. 50 g Kokosöl erwärmen, bis es flüssig ist. Mit Magerquark, Milch, Ei, Kokosblütenzucker und Vanille in eine Schüssel geben und mit den Rührbesen des Handrührgeräts verrühren.

2. Dinkelmehl, Backpulver und 1 Prise Salz mischen und zur Quarkmasse geben. Alles mit den Knethaken des Handrührgeräts zu einem glatten Teig verkneten.

3. Den Teig auf einer bemehlten Arbeitsfläche nochmals durchkneten, dann ½ cm dick ausrollen. Aus dem Teig 6 Hasen ausstechen, auf das Blech legen und im Ofen (Mitte) 18–20 Min. backen.

4. Das übrige Kokosöl erwärmen, bis es flüssig ist. Die Quarkhasen aus dem Ofen nehmen und mit dem Kokosöl bestreichen, auskühlen lassen. Dann nach Belieben noch mit Reissüße bestäuben.

SPIEGELEI-MUFFINS

Für 12 Stück

Zubereitungszeit: 25 Min.
(ohne Glasur und Kühlzeit)
Backzeit: 25 Min.
Pro Portion: 240 kcal,
5 g E, 15 g F, 20 g KH

200 g Feinblatt-Haferflocken
(glutenfrei)
1 EL Weinstein-Backpulver
1 Msp. gemahlene Vanille
Salz
4 Eier (M)
70 ml Sonnenblumenöl
320 g Apfelmark (s. S. 27)
6 Aprikosen
100 g weiße Schokoglasur
(s. Klappe hinten)

Außerdem

12er-Muffinform
Fett für die Form

1. Den Backofen auf 175° vorheizen. Die Mulden der Muffinform einfetten. Die Haferflocken in einem Hochleistungsmixer zu Mehl mahlen.

2. Hafermehl, Backpulver, Vanille und 1 Prise Salz in einer Schüssel mischen. Eier, Öl und Apfelmark dazugeben und alles mit den Rührbesen des Handrührgeräts zu einem Teig verrühren. Den Teig in den Mulden der Muffinform verteilen.

3. Die Form in den Ofen (Mitte) schieben und die Muffins in ca. 25 Min. goldbraun backen. Dann herausnehmen, kurz abkühlen lassen und aus der Form lösen. Die Muffins komplett auskühlen lassen.

4. Aprikosen waschen, halbieren, entkernen. Die Schokoglasur mit einem Löffel auf den Muffins verteilen und je 1 Aprikosenhälfte mit der Wölbung nach oben leicht hineindrücken. Muffins ca. 5 Min. in den Kühlschrank stellen und die Glasur fest werden lassen.

APFELROSEN-KUCHEN

Für 1 Kuchen (8 Stücke)

Zubereitungszeit: 45 Min.
Backzeit: 50 Min.
Pro Stück: 285 kcal,
5 g E, 19 g F, 22 g KH

Für den Teig

100 g Vollkorn-Kamutmehl
(ersatzweise Vollkorn-Dinkelmehl)
100 g Teffmehl (ersatzweise
Vollkorn-Dinkelmehl)
50 g gemahlene Hasel-
nusskerne
2 EL Kokosblütenzucker
Salz · 1 Ei (M)
125 g kalte Butter

Für den Belag

500 ml Milch
4 EL Speisestärke
1 Vanilleschote
1 EL Kokosblütenzucker
3 große rote Äpfel (z. B. Elstar,
Braeburn oder Boskop)
60 ml Zitronensaft

Außerdem

V-Hobel (ersatzweise
Mandoline)
(Herz-)Springform (26 cm Ø)
Fett für die Form
Mehl zum Arbeiten

1. Für den Teig beide Mehlsorten mit Haselnusskernen, Zucker und 1 Prise Salz in einer Schüssel mischen. Ei und die Butter in Flöckchen dazugeben. Alles zu einem glatten Teig verkneten. Abgedeckt 30 Min. kalt stellen.

2. Inzwischen für den Belag 4 EL Milch abnehmen und mit der Stärke verrühren. Vanilleschote längs aufschlitzen, Mark herauskratzen und beides mit übriger Milch und Zucker in einem Topf aufkochen. Angerührte Stärke einrühren, bis eine dickliche Creme entstanden ist. Den Topf sofort vom Herd nehmen, die Schote entfernen.

3. Die Äpfel waschen, vierteln und entkernen. Die Apfelviertel mit dem V-Hobel der Länge nach so in feine Scheiben (ca. 2 mm dick) schneiden, dass immer noch ein Stückchen Schale zu sehen ist. Mit Zitronensaft in eine Schüssel geben und vorsichtig vermischen.

4. Backofen auf 175° vorheizen, Form einfetten. Teig auf einer bemehlten Arbeitsfläche rund ausrollen. Form mit dem Teig auskleiden, dabei einen 3–4 cm hohen Rand hochziehen. Die Vanillecreme auf dem Teig verteilen.

5. Für die Apfelrosen 1 Apfelscheibe eng einrollen (roter Rand nach oben), dabei unten gut festhalten. Dann nach und nach mit weiteren Apfelscheiben umwickeln, bis eine Rose entstanden ist. Apfelrose in die Vanillecreme setzen. Mit den übrigen Apfelscheiben weitere Apfelrosen formen und ebenfalls in die Creme setzen. Kuchen im Ofen (Mitte) 50 Min. backen. Dann herausnehmen, kurz abkühlen lassen und aus der Form lösen.

BACKMISCHUNG AUS DEM GLAS

Für 1 Glas (12 Cookies)

Zubereitungszeit: 10 Min.
Pro Cookie: 345 kcal,
7 g E, 22 g F, 30 g KH

250 g Vollkorn-Dinkelmehl
1 TL Weinstein-Backpulver
Salz
2 EL Kokosblütenzucker
8 EL Kokosraspel
5 EL Feinblatt-Haferflocken
100 g getrocknete Cranberrys
(mit Apfel- oder Ananassaft
gesüßt)
50 g Cashewkerne

Außerdem

1 Einmachglas (1 l)

1. Das Mehl mit Backpulver und 1 Prise Salz mischen und als erste Schicht in das Glas füllen. Mit einem Löffel andrücken. Nacheinander den Kokosblütenzucker, die Kokosraspel und die Haferflocken ins Glas schichten und jeweils andrücken. Cranberrys und Cashewkerne hacken und nacheinander ebenfalls in das Glas geben.

2. Das Glas luftdicht verschließen. Haltbarkeit: bis zu 1 Jahr. Zum Verschenken das Glas schön verpacken, die Backanleitung anhängen oder aufkleben.

BACKANLEITUNG

Den Backofen auf 175° vorheizen, ein Backblech mit Backpapier auslegen. 150 g Kokosöl erwärmen, bis es flüssig ist. 2 Eier (M) mit den Rührbesen des Handrührgeräts schaumig schlagen. Die Backmischung und nach und nach das Kokosöl dazugeben und alles zu einem krümeligen Teig verarbeiten. Mit den Händen aus dem Teig 12 Kugeln formen, auf das Blech legen und zu Cookies (à ca. 6 cm Ø) flach drücken. Im Ofen (Mitte) in ca. 30 Min. goldbraun backen. Herausnehmen und auskühlen lassen. TIPP: Die Cranberry-Kokos-Cookies möglichst frisch verzehren und Reste luftdicht verpackt im Kühlschrank aufbewahren.

RED VELVET CUPCAKES

Für 12 Stück

Zubereitungszeit: 40 Min.
Backzeit: 30 Min.
Pro Stück: 210 kcal,
3 g E, 13 g F, 18 g KH

Für den Teig

150 g Rote Beten (ersatz-
weise gegarte Rote Beten,
vakuumverpackt)
3 EL Zitronensaft
½ TL Apfelessig
1 Msp. gemahlene Vanille
80 ml Sonnenblumenöl
200 ml Haferdrink (ungesüßt)
180 g Vollkorn-Dinkelmehl
1 EL Speisestärke
1 EL Carobpulver (nach
Belieben) · Salz
1 ½ TL Weinstein-Backpulver
40 g Kokosblütenzucker

Für die Garnitur

200 g Sahne
2 EL gefriergetrocknete
Himbeeren (ersatzweise
frische Himbeeren)

Außerdem

12er-Muffinform
Fett für die Form
Sterntülle

1. Die Roten Beten schälen, in kleine Stücke schneiden und in einem Topf knapp mit Wasser bedecken. Die Beten bei mittlerer Hitze in ca. 15 Min. gar kochen. Dann die Beten in ein Sieb abgießen und abtropfen lassen, anschließend mit Zitronensaft, Apfelessig, Vanille, Sonnenblumenöl und Haferdrink in einem Hochleistungsmixer fein pürieren.

2. Den Backofen auf 175° vorheizen. Die Mulden der Muffinform einfetten. Dinkelmehl, Stärke, eventuell Carobpulver, 1 Prise Salz, Backpulver und Kokosblüten-zucker in einer Schüssel mischen. Das Rote-Bete-Püree dazugeben und alles mit den Rührbesen des Handrühr-geräts zu einem sehr flüssigen, glatten Teig verrühren.

3. Den Teig in den Mulden der Muffinform verteilen. Die Form in den Ofen (Mitte) schieben und die Muffins 30 Min. backen. Dann herausnehmen, kurz abkühlen lassen und aus der Form lösen.

4. Für die Garnitur die Sahne steif schlagen, in den Spritzbeutel füllen und als große Tuffs auf die Muffins spritzen. Die Cupcakes mit den Himbeeren garnieren.

VARIANTE

Aus den Red Velvet Cupcakes werden ganz schnell saftige Schoko-Cupcakes – dazu einfach 3–4 EL Kakao-pulver unter den Teig rühren.

HIMBEER-GUGELHUPF

Für 1 Kuchen (10 Stücke)

Zubereitungszeit: 20 Min.
Backzeit: 55 Min.
Pro Stück: 300 kcal,
7 g E, 16 g F, 32 g KH

Für den Teig

100 g Himbeeren (ersatzweise
aufgetaute TK-Himbeeren)
250 g Vollkorn-Weizenmehl
50 g Speisestärke
1 EL Weinstein-Backpulver
Salz · 100 g weiche Butter
250 g Apfelmark (s. S. 27)
50 g Reissirup
150 ml Haferdrink (ungesüßt)
4 Eier (M)

**Für das Frosting
und die Garnitur**

60 g Himbeeren (ersatzweise
aufgetaute TK-Himbeeren)
1 l Kokosol
50 g Mandelmus (s. S. 32)
1 Msp. gemahlene Vanille
2 EL getrocknete Cranberrys
(mit Apfel- oder Ananassaft
gesüßt)

Außerdem

Gugelhupfform (22 cm Ø)
Fett für die Form

1. Den Backofen auf 175° vorheizen, die Form einfetten. Alle Himbeeren verlesen und nur falls nötig vorsichtig abbrausen und trocken tupfen. Die Beeren für den Teig mit einem Pürierstab fein zerkleinern. Das Weizenmehl mit Stärke, Backpulver und 1 Prise Salz mischen.

2. Butter, Apfelmark, Reissirup und Haferdrink in eine Schüssel geben und mit den Rührbesen des Handrührgeräts verrühren. Dann nach und nach die Eier unterrühren. Die Mehlmischung dazugeben und alles zu einem glatten Teig verarbeiten.

3. Den Teig in 3 Portionen teilen. Ein Drittel des Teiges in die Form füllen. Zweites Teigdrittel mit dem Himbeerpüree verrühren und über der ersten Teigschicht verteilen. Das restliche Teigdrittel über die Himbeerteigschicht geben. Zum Schluss mit einer Gabel Spiralen durch den Teig ziehen, sodass sich gefärbter und ungefärbter Teig marmorartig vermischen.

4. Die Form in den Ofen (Mitte) schieben und den Gugelhupf ca. 55 Min. backen. Dann herausnehmen, kurz abkühlen lassen und aus der Form lösen.

5. Für das Frosting das Kokosöl erwärmen, bis es flüssig ist. Die Himbeeren mit einem Pürierstab fein pürieren. Himbeerpüree mit Kokosöl, Mandelmus und Vanille verrühren. Das Frosting auf dem abgekühlten Kuchen verteilen und mit den Cranberrys dekorieren.

REGISTER

IMPRESSUM

Die Autorin

Hannah Frey ist Food-Bloggerin, Ernährungsexpertin und Koch-buchautorin. Seit 2011 ernährt sie sich nach dem Clean-Eating-Prinzip. Drei Jahre später startete sie mit »Projekt: Zuckerfrei«. Seitdem ruft sie regelmäßig zu einer gemeinsamen Zuckerfrei-Challenge auf. Über den Blog www.projekt-gesund-leben.de und die »Projekt: Zuckerfrei«-Facebook-Gruppe sowie #projektzuckerfrei tauschen sich die Challenger mit Hannah über ihre Erfahrungen aus. Für GU hat sie bereits »Clean Eating Basics«, »Zuckerfrei – Die 40 Ta-ge-Challenge« und »Coconut Cooking« geschrieben.

Die Fotografin

Maria Brinkop ist gelernte Foto-grafin und Diplom-Designerin (FH). Seit 2008 arbeitet sie selbstständig als Food- und Werbefotografin und ist mit ihren Aufnahmen bundesweit erfolgreich. Gutes Essen und ansprechende Bilder sind zwei ihrer Leidenschaften. Zusammen mit Claudia Seifert & Team (Foodstyling) sowie Kai Dönges und Irina Neitz (Assistenz) hat sie die zuckerfreien Leckereien in Szene gesetzt.

Syndication:
www.imageprofessionals.com

Bildnachweis

Alle Fotos: Maria Brinkop, Hildesheim; außer **Autoren-fotos:** Franzi Schädel, Bäk; **Cover:** Silvio Knezevic, München (Typografie); Shutterstock (Backen Typografie); Maria Brinkop, Hildesheim (Förmchen); **weitere Fotos:** Shutterstock: vordere Außenklappe

Konzept und Projekt-leitung: Marline Ernzer
Lektorat, Satz/DTP, Gestaltung: schöseitig, Redaktionsbüro Christina Geiger, München
Herstellung: Martina Koralewska
Korrektorat: Jutta Friedrich
Innen- und Umschlaggestaltung: independent Medien-Design, Horst Moser, München
Cover Retusche: grießel grafik und medientechnik, Matthias Grießel, München
Repro: Longo AG, Bozen
Druck und Bindung: Printer Trento, Trento

ISBN 978-3-8338-6541-1
7. Auflage 2025

LIEBE LESERINNEN UND LESER,

wir wollen Ihnen mit diesem Buch Informa-tionen und Anregungen geben, um Ihnen das Leben zu erleichtern oder Sie zu inspirieren, Neues auszuprobieren. Wir achten bei der Erstellung unserer Bücher auf Aktualität und stellen höchste Ansprüche an Inhalt und Gestaltung. Alle Anleitungen und Rezepte werden von unseren Autoren, jeweils Experten auf ihren Gebieten, gewissenhaft erstellt und von unseren Redakteur*innen mit größter Sorgfalt ausgewählt und geprüft.

Haben wir Ihre Erwartungen erfüllt? Sind Sie mit diesem Buch und seinen Inhalten zu-frieden? Wir freuen uns auf Ihre Rückmeldung. Und wir freuen uns, wenn Sie diesen Titel weiterempfehlen, in Ihrem Freundeskreis oder bei Ihrem Online-Kauf.

Sollten wir Ihre Erwartungen so gar nicht erfüllt haben, tauschen wir Ihnen Ihr Buch jederzeit gegen ein gleichwertiges zum gleichen oder ähnlichen Thema um.

KONTAKT ZUM LESERSERVICE
GRÄFE UND UNZER VERLAG
Grillparzerstraße 12
81675 München
www.gu.de

Backofenhinweis

Die Backzeiten können je nach Herd variieren. Die Temperatur-angaben beziehen sich auf das Backen im Elektroherd mit Ober- und Unterhitze und können bei Gasherden oder Backen mit Umluft abweichen. Details entnehmen Sie bitte Ihrer Gebrauchsanweisung.

Ein Unternehmen der
GANSKE VERLAGSGRUPPE

APPETIT AUF MEHR?

ISBN 978-3-8338-9257-8

ISBN 978-3-8338-9447-3

ISBN 978-3-8338-9228-8

ISBN 978-3-8338-9054-3

ISBN 978-3-8338-5997-7

ISBN 978-3-8338-9256-1

 Alle hier vorgestellten Bücher sind auch als eBook erhältlich.

BACKEN FAQ

BACKEN MIT HEFE OHNE ZUCKER – GEHT DAS?

Hefe braucht Zucker, damit Kohlendioxid (CO_2) gebildet werden kann, das den Teig aufgehen lässt. Dafür muss dem Teig aber kein Extrazucker hinzugefügt werden, denn Hefe kann aus der Stärke des Mehls (sogenannte Vielfachzucker) Zucker spalten – dies dauert nur ein wenig. Exakte Zeitangaben zu machen, ist schwierig, denn ein Hefeteig verhält sich im Sommer anders als im Winter. In Rezepten ist deshalb oft angegeben: Teig gehen lassen, bis sich das Volumen verdoppelt hat. Idealerweise sollte man Hefeteig an einem warmen Ort gehen lassen, aber auch im Kühlschrank ist ein Aufgehen möglich. Die Hefe braucht dann nur mehr Zeit; den Teig im Kalten am besten über Nacht gehen lassen.

WAS IST DER UNTERSCHIED ZWISCHEN VOLLKORNMEHL UND AUSZUGSMEHLEN?

Auszugsmehle haben immer eine Typenbezeichnung. Diese beschreibt den Ausmahlungsgrad des Getreides, also wie stark es verarbeitet wurde. Die Type gibt in Milligramm an, wie viel Mineralstoffe pro 100 Gramm Mehl enthalten sind. Vollkornmehle hingegen haben diese Typenbezeichnung nicht. Sie werden aus dem vollen Korn gemahlen, sodass eine Angabe nicht nötig ist. Hier bleiben Mineralstoffe wie Kalium, Kalzium, Phosphor, Magnesium, Eisen und Zink erhalten. Zudem sorgen Ballaststoffe für ein längeres Sättigungsgefühl. Beispiel: Dinkelmehl Type 1050 ist ein Auszugsmehl und enthält 1050 mg (1,05 g) Mineralstoffe auf 100 g Mehl. Vollkorn-Dinkelmehl hingegen wurden aus dem vollen Korn gemahlen.

KANN ICH DEN ZUCKER IM REZEPT NICHT EINFACH WEGLASSEN?

Oft wird in herkömmlichen Backrezepten reichlich Zucker verwendet, 100–250 g Zucker pro Kuchen sind keine Seltenheit. Diese Menge kann man meist reduzieren oder ersetzen (s. Klappe vorne). Den Zucker einfach wegzulassen, funktioniert jedoch in der Regel nicht. Zucker ist ein Füllstoff und sorgt natürlich auch für Süße – ganz ohne schmeckt das Gebäck meist nicht.

KANN ICH BEI DEN BACKFORMEN VARIIEREN?

Wird eine ganz andere Backform verwendet als angegeben, ändert sich meist die Backzeit, besonders wenn der Teig statt in eine flache, in eine hohe Form gefüllt wird. Dann das Gebäck gegen Backzeitende unbedingt genau beobachten. Und mit der Stäbchenprobe testen, ob Kuchen, Torte oder Brot durchgebacken ist: Einfach ein Holzstäbchen in die Mitte stecken und wieder herausziehen – bleibt es sauber, ist das Backwerk durchgebacken, bleibt Teig kleben, noch einige Minuten weiterbacken. Tipp: Du kannst den Kuchen für eine 26-cm-Springform auch in zwei 18-cm-Springformen backen (und umgekehrt). Meist ändert sich die Backzeit nur geringfügig. Einfach mit der Stäbchenprobe rechtzeitig prüfen, ob der Kuchen schon fertig ist.

MUSS ICH DEN BACKOFEN VORHEIZEN?

Ja, denn nur dann stimmt die angegebene Backzeit.